# Islamische Etikette
## und orientalische Höflichkeit

Mohammed Atassi

# ISLAMISCHE ETIKETTE
# UND ORIENTALISCHE HÖFLICHKEIT

Edition Bukhara

Dr. Mohammed Atassi wurde 1942 in Syrien geboren. Der Autor und Über-
setzer besuchte sowohl christlich als auch islamisch geleitete Schulen in Syrien
und im Libanon. Er studierte Medizin in Wien und erhielt seine Ausbildung
zum Neurologen und Psychiater in Österreich und Deutschland.
Übersetzungen aus dem Deutschen ins Arabische: „Anatols Größenwahn"
(Arthur Schnitzler) sowie „Ideologie und Politik der Muslimbrüder in Syrien"
(Johannes Reissner). Übersetzung aus dem Arabischen: „Ein Tag in Europa"
von Ahmad Attiatallah, eine pointierte Reisebeschreibung eines ägyptischen
Gelehrten, der sich Anfang der Dreißiger Jahre zu Studienzwecken in Berlin
und London aufhielt.

Die Deutsche Bibliothek verzeichnet diese Publikation in der Deutschen Nationalbibliographie;
detaillierte bibliographische Daten sind im Internet über http://dnb.ddb.de abrufbar

Atassi, Mohammed:
Islamische Etikette und orientalische Höflichkeit / Mohammed Atassi.
Mössingen: Edition Bukhara, 2012

ISBN: 978-3-941910-02-7

© 2012 Edition Bukhara, 72116 Mössingen
⟨http://www.edition-bukhara.de⟩

Lektorat: 'Abd al-Malik Dildar Yan d'Albert, Bergisch Gladbach
Umschlagentwurf: Stefan Burkert, Nehren
Cover Illustration: © Oksana Merzlyakova
Satz: TeXService, Dr. Tilman Hannemann, Bremen
Druck: Laupp & Göbel, Nehren

Papier: säurefrei, aus chlorfrei gebleichtem Zellstoff hergestellt; alterungsbeständig.
Printed in Germany

All jenen gewidmet,
für die ich dieses Buch geschrieben habe,
für meine Kinder, damit sie lernen,
wie man mit den Menschen umgeht,
und für alle, die nach Orientierung im Leben suchen ...

# Inhaltsverzeichnis

# Vorwort

Dr. Mohammed Atassi gelingt in seinem Buch über islamische Etikette und orientalische Höflichkeit ein Stück Pionierarbeit. Er vermittelt Einblicke in Hintergründe einer Lebensweise, die oft als „islamisch" bezeichnet wird und zugleich die ohnehin verschwommenen Grenzen zwischen Religion und Tradition häufig überschreitet. Denn auch wenn religiöse Quellen Leitmotive liefern, ist der sozio-kulturelle Hintergrund prägend. Indem Dr. Atassi Material zugänglich macht, das sonst teilweise nur auf Arabisch vorliegt, liefert er Stoff für all jene, die gerne ethnologischen Betrachtungen nachgehen. Neugierige erhalten einen Zugang in die Welt des Islam, wie er unmittelbarer kaum sein könnte, werden doch Quellen der muslimischen Kultur für sie aufgetan.

Aber nicht nur Menschen, die gerne den muslimischen Kulturkreis besser verstehen möchten, werden interessante Einblicke gewinnen. Vielleicht mehr noch empfiehlt sich die Lektüre Muslimen, vor allem in Europa.

Denn hier werden Muslime eingeladen, über ihre Vorstellungen von Höflichkeit und gutem Benehmen eingehend zu reflektieren. Gerade weil der Autor sich mit der persönlichen Meinung ganz zurückhält und kommentarlos Koranzitate, Hadithe, Anekdoten und ähnliche Quellen nach Themen geordnet präsentiert, wird eigenes Nachdenken gefördert. Wie würde ich mich verhalten? Oder: Jetzt erkenne ich, warum ich bisher unbewusst so oder so reagiere oder werte! Denn oft gehen bei der Tradierung von Normen und Verhalten die diesen zugrunde liegenden Wurzeln in Vergessenheit. Sich ihrer wieder bewusst zu werden, setzt dann einen wichtigen Nachdenkprozess in Gang – und auch einen möglichen Wandel ... Worin liegt der Kern, das Wesen der islamischen Ethik begründet? Welche Werte werden damit vermittelt? Und wo haben

sich früher einmal als vorbildlich geltende Beispielerzählungen geradezu
verselbständigt, so dass Ableitungen noch heute unreflektiert Gültigkeit
genießen, während sie längst am Geist des Islam vorbeigehen?

Spannend und für das gelungene Zusammenleben der Muslime mit
Menschen anderer Religion oder Weltanschauung wesentlich, mutet dabei besonders ein dem Selbstverständnis des Islam innewohnender Anspruch der Flexibilität an. So wie jede Zeit und jeder Ort besondere gesellschaftliche Rahmenbedingungen hervorbringen, werden mit diesem
Wandel auch Fragen der religiösen Praxis aufgeworfen. Antworten pas-
sen sich geschmeidig auf der Basis von Koran und vorbildlicher Lebensweise des Propheten Muhammad ﷺ neuen Umständen an. Antworten
wollen aber auch immer wieder erarbeitet werden! Damit ist der Islam
eben keine statische, sondern eine höchst dynamische Religion. Im Bereich des Benehmens kommt hinzu, dass die Theologie selbst als Quelle für die Interpretation auch den lokalen „'Urf" in Betracht zieht. Das
heißt, dass muslimische Gelehrte aufgerufen sind, bei anstehenden Fragen zur religiösen Praxis die guten Sitten zu berücksichtigen, wie sie im
jeweiligen Gebiet gelebt werden.

Der europäische Diskurs fokussiert stark auf die zweifelnde, ja miss-
trauische Frage, ob der Islam überhaupt mit europäischen Werten wie
Demokratie, Rechtsstaatlichkeit, Pluralismus und Menschenrechten ver-
einbar sei. Hier laufen zum Teil abgehobene und geradezu weltfremde in-
tellektuelle Debatten, die an dem, was Menschen hier wie dort wirklich
bewegt, vorbeigehen. Denn zum einen haben Muslime die Vereinbarkeit
immer wieder auch theologisch begründet, zum anderen stehen im Alltag ganz andere Dinge im Vordergrund. In der Kommunikation werden
Äußerlichkeiten, die erst einmal fremd anmuten, zu Unvereinbarkeiten
und Gegensätzen hochgespielt. Ist im Hinterkopf gleichzeitig das Bild
eines prinzipiellen Gegensatzes Morgenland – Abendland festgeschrie-
ben, droht Entfremdung zwischen ganzen Bevölkerungsgruppen fortzu-
schreiten. Gelänge es nun all jene Missverständnisse, die sich bereits im
Nonverbalen ergeben können, zu vermeiden, wäre eine wichtige Voraus-
setzung respektvollen Miteinanders geschaffen. Wissen über vielleicht
mitunter divergierende Höflichkeitsvorstellungen kann hier helfen, vor

allem wenn gleichzeitig zutage tritt, dass die tiefer liegende Absicht ja eigentlich genauso auf ein gutes Zusammenleben ausgelegt ist, wie eine eher vertraute Geste und Form. Dies zeigt sich etwa schon bei Ritualen des Begrüßens. Nicht in allen Ländern und Kulturen ist ein Händedruck vorgesehen. Gibt ein Muslim einer Dame nicht die Hand, so wäre es ein fatales Missverständnis, dies gleich als mangelnden Respekt auszulegen oder gar als „Machogehabe". Vielmehr liegt im Vermeiden eines „zu nahe Tretens" gerade ein Zeichen der Ehrerbietung.

Die Absicht decodieren zu können, wird immer wieder zeigen, wie wichtige Werte interkulturell geteilt werden: Rücksicht auf den nächsten, Empathie, Respekt, Hilfeleistung für Bedürftige, Nachhaltigkeit, soziale Gerechtigkeit, usw. Die Absicht, arabisch „Niyya", ist gleichzeitig ein Schlüsselbegriff in der islamischen Theologie, um das eigene Verhalten kritisch zu überdenken. Ein weiterer wichtiger Begriff im Sinne der angesprochenen Geschmeidigkeit im gelebten muslimischen Alltag ist die theologische Reflexion von Prioritäten.

So ist zum Beispiel längst unter Muslimen in Europa offen diskutiert worden, ob das Händeschütteln nicht eine so zentrale Geste hierzulande sei, dass die ausgestreckte Hand zu verweigern, nur grobe Komplikationen mit sich bringen könnte. Da von der Absicht her dem Händedruck in Europa auch keine „unsittliche Annäherung" beigemessen werden kann, ist dies dann um so mehr ein Grund, dass sich die eigene Höflichkeitspraxis, bei der Berührungen zwischen sich fremden Männern und Frauen eigentlich als Überschreiten der Grenzen des Respekts gelten, zu verändern beginnt. Freilich stellt dies auch eine Herausforderung unter Muslimen dar, denn es gilt praktische Wege mit theologischer Verankerung zu finden, ohne in blindem Anpassungsdruck an der Religion vorbei zu handeln.

Geschlechterrollen manifestieren sich stark über Verhaltensvorstellungen. So bietet dieser Band auch Anregung, sich mit diesem Aspekt auseinanderzusetzen und auch hier Beweglichkeit wahrzunehmen. Unter dem islamischen Aspekt der Gleichwertigkeit von Mann und Frau erfolgt zunehmend eine kritische Sichtung all jener Interpretationen, die vor allem unter dem Argument des „nötigen Schutzes" Frauen ein einengendes Rollenkorsett zuweisen. Frauen gebührt Respekt, und diese Hochachtung äußert sich auch in einem zuvorkommenden Benehmen ihnen gegenüber. Verantwortliches Verhalten sollte aber nicht in Bevormundung umschlagen. So ist jeweils genau zu hinterfragen, ob nicht unter dem Argument des „Schutzes" ein Verhaltenskodex aufgestellt wird, der mehr begrenzt, als „beschützt".

Manche der berichteten Regeln guten Benehmens stehen offensichtlich im Zeichen einer ganz anderen Zeit und Gesellschaft. Und doch lassen sich Lehren aus der damit verbundenen Höflichkeitskultur ableiten. Denn dahinter steht ja ein Geist der Rücksichtnahme und des Zuvorkommens gegenüber anderen, wie er auch heute Denkanstöße liefern kann. Damit leuchtet eine zeitlose Wahrheit gerade aus jenen Passagen hervor, die besonders einem historischen Kontext verhaftet scheinen. Hier zeigt sich dann auch besonders deutlich, dass es nicht um ein leeres Nachmachen geht, sondern um ein Erfassen des eigentlichen Sinns. Dieser lässt sich dann sehr wohl auf andere Lebensumstände übertragen. So ist das vorliegende Buch viel mehr als nur eine Art Nachschlagewerk, in dem sich themenbezogen wichtige Aussagen rasch auffinden lassen. Es bietet vor allem ein Sprungbrett für weitergehende Überlegungen, die die Aktualität der heutigen Situation von Muslimen als Minderheit in Europa einbezieht.

Wer nun in einem großen Bogen die Gesamtheit der Facetten islamischen Benehmens überschaut, wird nicht nur einen Anspruch erkennen, den wir heute humanistisch nennen würden, sondern auch bemerken, wie sich hier das Einhalten eines „goldenen Weges der Mitte" beobachten lässt. Diese Mitte gilt es immer wieder mit der nötigen Flexibilität und geistigen Gewandtheit zu suchen. Wie es im Koran heißt: „Wir haben euch zu einer Gemeinschaft der Mitte gemacht …" (2:143).

Carla Amina Baghajati

Sprecherin der Islamischen Glaubensgemeinschaft in Österreich
Initiative muslimischer ÖsterreicherInnen

# Abkürzungen

| | |
|---|---|
| ﷻ | Allah, der Erhabene |
| ﷺ | Allahs Segen und Heil auf ihm |
| ﵁ | Allahs Wohlgefallen auf ihm |
| ﷿ | Friede sei mit ihm |
| ﵀ | Allah erbarme sich seiner |
| n. Chr. | nach der Geburt Jesu ﷿ |
| RuS | Riyad us-Salihin (von Abu Zakariya an-Nawawi) |
| Hadiya | al-Hadiya al-Ala'iya (von Muhammad Ibn 'Abidin) |

# 1 Einleitung

Die vorliegende Schrift versteht sich als ein bescheidener Beitrag zum besseren gegenseitigen Verständnis der Menschen untereinander. Insbesondere sind hier auf der einen Seite die Bürger islamischer Herkunft gemeint, die sich ihrem westlichen Umfeld weitgehend anpassen sollen. Auf der anderen Seite richtet sie sich an Westeuropäer, als Denkanstoß und Erklärung, warum manche der „Zuwanderer", sich in bestimmten Situationen just „so" benehmen und nicht anders, wie es hier zu Lande manchmal lieber gesehen würde. Sie soll den Umgang mit jenen Menschen erleichtern und helfen, sie besser zu verstehen, ohne ihnen Dinge, Handlungen und Reaktionen abzuverlangen, zu denen sie bei ihrem kulturellen Hintergrund und ihrer sozialen Prägung gar nicht in der Lage sein können und auch nicht müssen.

Obwohl dieses Buch mehrheitlich die Sichtweise von Menschen muslimischen Glaubens darlegt, wird man darin dennoch immer wieder Ansätze finden, die auch für andere Bewohner des Morgenlandes Gültigkeit haben. Denn auch Christen oder Juden, die mehrheitlich aus muslimischen Ländern stammen, haben sich über Jahrhunderte ähnliche Gewohnheiten und Traditionen angeeignet.

Ebenso sollen hier geborene und aufgewachsene Kinder und Schüler muslimischen Glaubens erfahren, welches Verhalten aus islamischer Sicht erwünscht ist, nämlich das der anerkannten *Fiqh*-Bücher und nicht etwa jenes, das dem Willen diverser Randgruppen entspricht. Diese meinen oft, es besser zu wissen und führen unsere Kinder möglicherweise in die Irre. Die Konsequenz hieraus sind dann Verwirrung, Missverständnisse, schlechtes Benehmen und andere Folgen, die den Lehren des Islam widersprechen.

Die angesprochenen Themen sollen also lediglich einen Anstoß zum
Nachdenken geben, wobei es jedem Gläubigen selbst überlassen bleibt,
zwischen Verbotenem und Erlaubtem zu wählen. Als Grundregel gilt
der Spruch des Propheten ﷺ: „Diejenigen, die in religiösen Belangen
übertrieben handeln, werden sich bald zu Grunde richten (*halaka
al-mutanattiun*)". Wobei er ﷺ diesen Satz dreimal wiederholte, um ihm
mehr Nachdruck zu verleihen (RuS, S. 598/1736). In diesem Sinne sei
dem Leser auch der Appell ans Herz gelegt, die Dinge lockerer zu sehen
und nicht unnötig zu erschweren.

Wichtig zu erwähnen ist, dass es im Islam verschiedene Lehrmeinungen und Interpretationen von Traditionen gibt. Je nachdem, welche Be-
deutung die Gelehrten den überlieferten Hadith-Texten und Handlungen des Propheten ﷺ beimaßen und welche Aussagen sie für gewichti-
ger hielten, entstanden unterschiedliche Interpretationen. Hier kann der
Gläubige zwischen den einzelnen Lehrmeinungen frei wählen, ohne dass
er fürchten muss, sich außerhalb des erlaubten Bereiches zu bewegen.

Unter den Muslimen sind die Sunniten die weitaus größte Gruppe,
die etwa 80 bis 85 Prozent der Muslime in sich vereint, gefolgt von
den Schiiten und weiteren Kleingruppierungen. Es gibt vier große
sunnitische Rechtsschulen, wobei die Hanafiten (Imam Abu Hanifa,
gest. 767 n. Chr.) und die Schafi'iten (Imam al-Schafi'i, gest. 820 n. Chr.)
die am stärksten verbreiteten sind. Die Malikiten (Imam Malik, gest.
795 n. Chr.) sind mehrheitlich in Nord- und Schwarzafrika verbreitet,
so auch in westlichen Ländern, wo die Muslime aus malikitischen
Ländern stammen, während die Anhänger der Hanbali-Schule (Imam
ibn Hanbal, gest. 855 n. Chr.) hauptsächlich in Zentralarabien und in den
Golfstaaten zu finden sind. Die Unterschiede sind allerdings marginal
und betreffen hauptsächlich Details bezüglich der Gebete, Waschungen,
Eheschließungen, Scheidungen etc.

Die Angaben in diesem Buch basieren in erster Linie auf den Verhal-
tensrichtlinien des bekannten Damaszener Gelehrten Ibn 'Abidin 'Ala
ad-Din (1828–1887), die dieser unter dem Titel „Auszug aus dem Erlaubten und Verbotenen" in seinem Standardwerk *Al-Hadiya al-'Ala'iya*

(Das Geschenk von Aladin) herausbrachte. Sehr komprimiert handelt er auf etwa hundert Seiten (S. 214–319) nahezu alle Bereiche des täglichen Lebens ab, die sich aus islamischer Perspektive quasi als Verhaltensleitfaden eignen. Es geht hierbei um Ausführungen gemäß der Hanafi-Schule, die im damaligen Osmanischen Reich die am weitesten verbreitete war. Kommentiert und erläutert sind die Angaben von Saʿid al-Burhani, einem ebenso bedeutenden Gelehrten aus Damaskus. In gewissem Sinne stellt das Buch eine Zusammenfassung des umfassenden Werkes des Vaters des Autors, genannt *Haschiat Ibn ʿAbidin*, dar, ein wichtiges Nachschlagewerk der Hanafi-Rechtsschule. Ibn ʿAbidin war zudem von 1869 bis 1876 Mitglied des Expertenrates zur Kodifizierung von Gesetzen der Scharia in Konstantinopel (*Mecelle-i-Ahkam-i-Adliyyeh*).

Weitere wichtige Quellen für diese Zusammenstellung sind bekannte Autoritäten wie al-Ghazali, az-Zuhayli, Sayyid Sabiq, az-Zarka, al-Qaradawi und viele andere, auf die bei Rechtsfragen zurückgegriffen wird. Eine entsprechende Liste findet sich am Ende dieser Schrift.

Es muss betont werden, dass die hier dargelegten Ausführungen lediglich einen Auszug aus einer Fülle von Benimmregeln darstellen, die in Traditions- und *Fiqh*-Büchern enthalten sind. Benehmen ist ja ein wichtiger Bestandteil des Glaubenslebens (*iman*) im Islam, deshalb existiert kaum ein Werk über den Glauben, in dem nicht auch ausführlich auf korrektes Verhalten eingegangen wird. Dies mag ein wesentlicher Unterschied zu den Benimmbüchern in westlichen Ländern sein, die überwiegend ganz andere Zwecke verfolgen.

*Einige wichtige Begriffe*

❋ Der PROPHET MUHAMMAD/MOHAMMED: Geboren im Jahre 570,
erste Offenbarung 610 im vierzigsten, nach manchen Gelehrten im
zweiundvierzigsten Lebensjahr. Nach Verfolgungen und Schikanen
Auswanderung nach Medina im Jahre 620 oder 622, dem Jahr, das als
Beginn der islamischen Zeitrechnung gilt (*hidschra*). Verstorben im
Jahre 632.

Anmerkung: Die Hidschra als Beginn der islamischen Zeitrechnung wurde
erst vom zweiten Kalifen 'Umar festgesetzt, aus diesem Grunde entstanden
gewisse Ungenauigkeiten bei der Datierung.

❋ Der KORAN (arab.: *al-qur'an*) enthält die Offenbarungen Got-
tes/Allahs ﷻ, an seinen Propheten und Gesandten Mohammed ﷺ.
Thematisch gibt es die mekkanischen Offenbarungen, die kürzer und
dynamischer sind und vorwiegend Gottesfürchtigkeit und Glaubens-
grundsätze behandeln, sowie die nach der Hidschra empfangenen me-
dinensischen Suren, als sich eine muslimische Gemeinde mit anderen
Ansprüchen und Anforderungen etablierte. Letztere sprechen deshalb
neben Glaubensfragen auch den Intellekt an und bringen Gesetze zur
Regulierung neuer gesellschaftlicher Erfordernisse und zur veränder-
ten sozialen Situation.[1]

❋ KORAN-INTERPRETATION: Sie sollte grundsätzlich durch versierte Gelehrte erfolgen, die über hinreichend Kenntnisse des Arabischen (die
Sprache des Korans) und seiner Feinheiten, des geschichtlichen Hin-
tergrunds, vor dem die einzelnen Koran-Verse offenbart wurden, der
*sira* (Leben des Propheten ﷺ), der *sunna* (Taten und Zitate des Gesandten ﷺ) oder der *ahadith* oder Hadithe (Zitate des Gesandten Allahs ﷺ) verfügen. Andernfalls sind immer wieder Fehlinterpretatio-
nen und Missverständnisse zu erwarten.

❋ SUNNA: Sie ist die zweitwichtigste Quelle zum Verständnis des Islam.
Es handelt sich um Aussagen und Taten des Propheten ﷺ, überliefert
nach jeweils einer Erzählerkette, welche die Authentizität der einzel-

---

1  Siehe Qutub, *Dirasat*, S. 19–20.

nen Hadithe oder Erzählungen dokumentiert (*isnad*). Die Aussprüche wurden, meist unter erheblichen Mühen, nach dem Tode des Propheten ﷺ gesammelt. Aus dem *isnad*, sowie aus der genauen Überprüfung des Überlieferten, lässt sich die „Stärke" der einzelnen Hadithe ermessen, um sie gegen spätere, gefälschte Hadithe abgrenzen zu können.

❀ Hadith: (pl.: *ahadith* oder Hadithe) Aussprüche des Gesandten ﷺ. Sie werden (grob) unterteilt in: *sahih* (richtig bzw. gesund), *hasan* (gut bzw. schön), *daif* (schwach) und *maudu'* (fiktiv). Wenn die Überlieferungskette unterbrochen oder mangelhaft ist, wird der Hadith als schwach eingestuft.

❀ Sira: Die Aufzeichnungen vom Leben und von den Taten des Propheten ﷺ, erzählt von ebenfalls authentischen Zeugen, nach den oben angeführten Regeln.

❀ Fardh: Vorgeschriebene Pflicht für alle Muslime.

❀ Fardh Al-'Ain: Persönliche, vorgeschriebene Pflicht.

❀ Fardh Al-Kifaya: Gesellschaftliche Pflicht, wird erfüllt, wenn sie von einem Teil der Muslime durchgeführt wird, z. B. die gemeinsamen Pflichtgebete in der Moschee.

❀ Wadschib: Sollbestimmung.
Die genaue Unterscheidung zwischen Fardh und Wadschib: Fardh ist eine Pflicht, dessen Verleugnung als *kufr* (Unglaube) gilt. Wadschib ist zwar auch eine Pflicht, die nicht unterlassen werden darf, jedoch ist dessen Verleugnung kein *kufr*.

❀ Makruh: Nicht erwünscht, das Verabscheute.
Weniger strikt verboten ist *makruh tahriman*, d. h. fast verboten, aber noch erlaubt; es zu unterlassen ist weit besser, als es zu tun. *Makruh tanzihan* ist ebenfalls nicht verboten; es ist besser, wenn man es unterlässt. Es zu tun, stellt lediglich eine kleine Übertretung dar. Der Oberbegriff für die beiden ist *makruh*.

❀ Haram: Absolut verboten, das Verbotene.
Absolut verboten (*haram*) sind z. B. Mord, Unzucht, Konsum von

Alkohol oder Schweinefleisch etc. Ausnahmen sind immer möglich, z. B. wenn man dazu genötigt wird.

❀ HALAL: Erlaubt, das Erlaubte.

*Zwölf islamische Grundsätze*

❀ Das Ziel der islamischen Gesetzgebung ist das Wohlergehen der Menschen.

❀ Grundsätzlich ist alles erlaubt, was nicht verboten ist.

❀ Nur Allah ﷻ hat das Recht, zu erlauben und zu verbieten.

❀ Verbieten des Erlaubten und Erlauben des Verbotenen ist wie *schirk*[2] eine schwere Sünde.

❀ Verbote resultieren aus der Unreinheit und Schädlichkeit verbotener Dinge.

❀ Was *halal* ist, genügt zum Leben, während *haram* überflüssig ist.

❀ Was zu *haram* führt, ist ebenfalls *haram*.

❀ Verbotenes mittels juristischer Kniffe zu umgehen, ist untersagt.

❀ Gute Absichten machen *haram* nicht annehmbar.

❀ Zweifelhafte Dinge sind zu vermeiden.

❀ *Haram* gilt für jeden.

❀ Eine Notwendigkeit erlaubt Ausnahmen.[3]

---

2  *Schirk*: Gott, dem Erhabenen, jemanden beigesellen. Für die weiteren Begriffe siehe oben.
3  Al-Qaradawi, *Erlaubtes und Verbotenes.*

*Gemeinsamkeiten und Unterschiede*[4]

## Grundsätzlich

Das Verbindende zwischen Juden, Christen und Muslimen, der Glaube an den einen und einzigen Gott, ist viel stärker als das Trennende. Es gilt, was der Theologe Hans Küng sagte: „Für Juden, Christen und Muslime bedeutet Glaube, dass der Mensch sich hier und jetzt, mit seinem ganzen Wesen, mit all seinen Geisteskräften in unbedingter Weise einsetzt und sich in vollem Vertrauen Gott und seinem Wort hingibt".

Der Islam kennt:

* keine *Erbsünde*. Der Glaube an die Erlösung ist ihm fremd. Jeder Mensch, ungeachtet seines Glaubens, wird im Zustand der natürlichen Reinheit, also der *ursprünglichen Unschuld (fitra)* geboren und wird erst verantwortlich in einem Alter, in dem Vernunft und Bewusstsein reifen.
* keine *Buße, Zölibat, Kasteiungen* oder *Mönchstum* als Form der religiösen Vervollkommnung. Die Prüfung des Glaubens ist das Leben in der Welt im Bewusstsein der erforderlichen Selbstbeherrschung.
* keine *Taufe, Beichte, Kommunion* und *Sakramente*. Die Verbindung zwischen Mensch und Gott erfolgt direkt durch Anrufung und Bittgebete sowie aufrichtige Hingabe. Die aus der westlichen Geistesgeschichte bekannten Gegensätze zwischen Glaube und Vernunft sind im Islam bedeutungslos.
* keine der „Kirche" entsprechende „Institution" (Organisationsform). Die *Moschee* ist lediglich ein Platz, wo Muslime ihre gemeinsamen Gebete verrichten. Zu diesem Zweck reicht eine entsprechend einfache und zweckdienliche Räumlichkeit und Gestaltung.
* keinen *Ikonen-* oder *Heiligenkult.*

---

4 Ausführungen hier aus: Neirynck und Ramadan, *Können wir mit dem Islam leben?*

# 2 Der Gruß[1]

*Grüßen aus der Sicht der Scharia*

DER KORAN: ❨Und wenn euch ein *Gruß* entboten wird, grüßt mit einem schöneren (zurück) oder erwidert ihn...❩[2]

DER PROPHET ﷺ: „Sprecht nur Gutes, weitet das *Grüßen* aus, speiset die Waisen und betet nachts, wenn die anderen schlafen."

DER PROPHET ﷺ: „Die Geizigsten sind jene, die beim *Grüßen* geizen".

Die *traditionelle Grußformel*, die in allen, mehrheitlich von Muslimen bewohnten Ländern verwendet wird, lautet:

„As-salamu ʿalaikum",

was bedeutet „Friede und Friedfertigkeit seien mit Euch". Damit wird eigentlich ein Eid abgelegt: „Ich trete bei euch ein, bin euer Gast, respektiere eure Gepflogenheiten und halte mich daran, werde mich korrekt und anständig verhalten, werde, wenn ich euch verlassen habe, nicht hinterhältig agieren, eventuelle Fehler oder Missstände, die ich bemerkt habe, nicht weiter erzählen und mich nicht verleumdend benehmen".

Dieser Gruß kann durch die Worte

„Wa rahmatu Allahi wa barakatuhu"

ergänzt werden, was so viel bedeutet wie „Und mit dem Erbarmen und Segen Gottes."

In manchen Ländern wird der oben erwähnte Gruß durch das Wort

---

1 Ausführungen aus der Hadiya, außer wenn anders gekennzeichnet.
2 Sure 4:86, Übers.: König-Fahd-Komplex.

„Merhaba"

ersetzt, das heißt: „Willkommen" oder „Fühle dich wie zu Hause."
Weitere Grüße sind

> „Ahlan wa sahlan" = „Seid willkommen wie in eurer
> eigenen Familie"

oder

> „Hala" = „Willkommen, sei gegrüßt!"

*Reihenfolge und Art des Grüßens*

Es grüßen der von rückwärts Kommende den Vorderen, der Gehende
den Sitzenden, der Reitende den Gehenden und der Jüngere den Älteren.

Begegnen zwei Menschen einander, ist es besser, als erster zu grüßen.
Sollten beide gleichzeitig grüßen, muss auch von beiden eine Erwiderung
erfolgen.

Wer zu einer Gruppe stößt, entbietet den Gruß zuerst, ungeachtet von
Alter oder Zahl der Mitglieder. Dies ist auch der Fall, wenn Nichtmuslime
darunter sind.[3]

Gegrüßt werden sowohl Bekannte als auch Unbekannte.

Ein Mann darf eine unbekannte Frau nur ansprechen oder grüßen,
wenn nicht die Gefahr einer Verführung besteht. Für die Frau ist beim
Begrüßen eines Unbekannten Zurückhaltung angeraten. Eine weibliche
Gruppe hingegen kann von einem Mann bedenkenlos gegrüßt werden.[4]

Erwünscht (*sunna*) ist es, die Hand zum Gruß entgegenzustrecken; der
Gesichtsausdruck sollte locker und freundlich sein.[5]

---

3  Hadiya, S. 264. Siehe auch az-Zuhayli, *Akhlaq*, S. 250.
4  Ebd., S. 243, 246 und 250.
5  Ebd., S. 243–259.

*Der Kuss auf Stirn, Scheitel oder Nasenspitze*

Der Kuss auf Stirn oder Scheitel ist meist für die Mutter, der auf die Nasenspitze für den Vater reserviert; diese Gepflogenheit ist allerdings nicht im gesamten islamischen Kulturkreis verbreitet.

Asch-Schubi: Der Prophet ﷺ begegnete Dschafar Ibn Abi Taleb und küsste ihn zwischen die Augen.

'Iyas Ibn Dhagfal: Ich sah Abu Aba Nadra (al-Mundhir Ibn Malik al-'Abdi), als er eben al-Hussains Wange küsste.

*Umarmen und Schulterkuss*

Nur in einigen arabischen Ländern üblich, dort aber immer zuerst rechts, dann links.

Eine Umarmung wird empfohlen, wenn man jemanden trifft, den man seit langem nicht gesehen hat oder der von einer Reise zurückgekommen ist.

*Der Handkuss*

Der Handkuss ist oft immer noch Ausdruck der Verehrung für honorige Bürger wie Lehrer, Religionsgelehrte, Väter, Richter etc.

'Abdurrahman Ibn Abu Laila über 'Abdullah Ibn 'Umar: Wir pflegten die Hand des Propheten ﷺ zu küssen.

Waki' Ibn Sufyan: Abu 'Ubaida küsste die Hand von 'Umar Ibn al-Khattab (zweiter Kalif).

Es wurde gesagt: Ein Imam wird auf die Hand geküsst, der Vater auf den Kopf, der Bruder auf die Wange, die Schwester auf den Brustkorb und die Gattin auf den Mund.[6]

---

6  Ibn 'Abd Rabbih, *al-'Iqd*, Bd. 2, S. 447.

## Merke

Da Körperkontakt mit einer fremden Frau untersagt ist, erfolgt der Gruß zwischen Mann und Frau in religiösen Kreisen ausschließlich mündlich. Konkret bedeutet dies, dass Unbekannte unterschiedlichen Geschlechtes einander nicht die Hand zum Gruß reichen, geschweige denn einander auf Hand, Stirn, Wange oder gar den Mund küssen.[7]
Westlich orientierte muslimische Kreise halten sich nur oberflächlich an diese Regeln. Händeschütteln ist weit verbreitet. Weit weniger üblich ist allerdings auch hier der Kuss auf Wange oder Stirn zwischen einander fremden Frauen oder Männern. Der Kuss auf den Mund zur Begrüßung kommt überhaupt nicht vor, er ist sogar verpönt.

Gegrüßt wird grundsätzlich mit der rechten Hand. Hierzu die Linke zu verwenden, bedeutet Geringschätzung und kommt einer groben Beleidigung gleich.

Eine Verbeugung zur Begrüßung widerspricht der islamischen Grundidee von der Würde des Menschen und ist ergo zu vermeiden. Derartige Ehrerweisungen Ranghöheren wie Königen und Würdenträgern gegenüber sind zu vermeiden. Eine Verbeugung ist nur Gott, dem Erhabenen, gegenüber gebührend und gestattet.

### Klopfen und Bitten um Zutritt

Will jemand in ein Haus oder eine Wohnung eintreten, soll er vorher um Eintritt bitten, dann den traditionellen Gruß entbieten und erst danach darf mit einem Gespräch begonnen werden.

DER PROPHET ﷺ: „Die Bitte um Zutritt erfolgt dreimal, entweder wird ihr statt-gegeben oder man hat umzukehren."[8]

---

7  Der bekannte Islam-Gelehrte Yusuf al-Qaradawi verweist darauf, dass es seitens der Scharia gestattet sei (dscha'iz), zur Begrüßung die Hand einer fremden Frau bzw. die Frau einem Mann zu reichen, wenn die Situation dies erfordert und wenn keine andere Absicht dahinter steckt.
8  Hadith bei Muslim, erzählt von Abu Musa al-Asch'ari.

Es reicht nicht aus, an die Türe zu klopfen und auf die Frage, wer man
sei, nur mit „Ich" zu antworten. Die Antwort soll vielmehr den Namen
des Klopfenden enthalten, gefolgt von der Frage, ob man eintreten
dürfe. Wird sie verneint, soll der Frager ohne inneren Groll oder Hass
umkehren.

Die Grußformel ist sogar beim Eintritt in ein leeres Haus zu entrichten.[9]

Sitzende werden bei Ankunft und zum Abschied gegrüßt und bei jeder
dazwischen liegenden erneuten Ankunft und vor jedem neuerlichen
Weggang, selbst wenn ein kleines Hindernis wie ein Baum dazwischen
liegen sollte.

Der Prophet 鐵: „Der Gehende grüßt den Sitzenden, der Reitende den
Fußgänger und der Jüngere den Älteren."[10]

Mit dem Gruß wird de facto ein Eid abgelegt, dem/der Gegrüßten nicht
in den Rücken zu fallen oder ihn/sie nicht zu verleumden.

Sobald jemand auf eine Gruppe trifft und seinen Gruß nur an einen der
Anwesenden richtet und ein anderer als der Gegrüßte darauf antwortet,
sind alle Übrigen von der Pflicht, den Gruß zu erwidern, entbunden.

Sind dagegen mehrere Gruppen anwesend, und der Hinzutretende
grüßt nur eine der Gruppen, es antwortet aber eine andere, besteht für
die nicht gegrüßte Gruppe weiter Grußpflicht.

Die *Erwiderung eines Grußes* ist erforderlich (*wadschib*) und stellt
gleichzeitig eine „gesellschaftliche Pflicht" (*fardh al-kifaya*) dar, die erst
erfüllt ist, wenn einer der Anwesenden den Gruß ausspricht. Weiters ist
eine hörbare Erwiderung notwendig (*wadschib*). Hört der Grüßende die
Antwort nicht, ist diese Pflicht definitiv nicht erfüllt. Bei Taubheit des
Grüßenden ist der Gegrüßte anzuhalten, während seiner Erwiderung

---

9  Sure 24:61: ❮Und wenn ihr in ein Haus tretet, so begrüßet einander mit einem
   Gruß von Allah, einem gesegneten, guten.❯ Übers.: Henning, S. 336. Lt. Ibn Kathir,
   *Tafsir*, Bd. 3, S. 306, *soll* der Gruß auch dann ausgesprochen werden, wenn das
   betretene Haus leer ist. Man grüßt sich selber, im Rahmen der Gepflogenheit, um
   das Grüßen zu verbreiten.

10  Hadith, ezählt von Abu Huraira.

seine Lippenbewegungen zu verstärken, damit diese auch als solche wahrgenommen werden kann. Das Gleiche gilt für den Antwortgruß während eines Niesanfalls. Es reicht auch, wenn dies ein junger Mann, der bei Verstand ist, oder ein Greis tut, nicht aber, wenn es von einem jungen Mädchen, einem unreifen Kind oder von jemandem kommt, der nicht im Vollbesitz seiner geistigen Fähigkeiten ist. Die Antwort sollte umgehend erfolgen, es sei denn, es liegt ein Hinderungsgrund vor.

Der Gruß ist selbst dann zu erwidern, wenn er schriftlich, beispielsweise in Form eines Briefes, erfolgt, wobei die Antwort schriftlich oder mündlich erfolgen kann.[11]

Dem Niesenden wird geantwortet, nachdem er sich bei Gott bedankt hat.

*Situationen, in denen Grüßen nicht erwünscht ist*

Ein Krimineller, der seine Schandtaten offen zur Schau stellt oder sich gar mit ihnen brüstet, ist definitiv nicht zu grüßen.

Ebenso dürfen diejenigen nicht gegrüßt werden, welche nicht in der Lage sind zu antworten, u. a.: Essende, Betende, Lesende, Gott gedenkende, Prediger während der Predigt bzw. im Auditorium Lehrende sowie Richter während der Verhandlung. Nicht grüßen soll man auch während des religiösen Unterrichts und den Muezzin, während er zum Gebet ruft, Allah ﷻ, den Erhabenen, anrufende (*dua*), oder jene, die darauf antworten, fremde junge Frauen, jene, die mit illegalen Spielen beschäftigt sind bzw. bekannte Verleumder. Auch erwiesene Lügner werden nicht gegrüßt. Des Weiteren soll nicht gegrüßt werden: Wer seiner Frau beiwohnt, Unbekleidete, jemand, der seine Notdurft verrichtet, döst, schläft oder sich im Badezimmer befindet. In den genannten Situationen muss auch niemand einen etwaigen Gruß erwidern.[12]

---

11  Hadiya, S. 261 u. 262.
12  Hadiya, S. 263.

# 3 In der Gemeinschaft

*Zu einer Gruppe stoßen*

Im Folgenden handelt es sich um *Empfehlungen*, die allgemeingültig, aber *nicht verpflichtend* sind:[1]

❀ Der höfliche Gast wählt nicht den besten Sitzplatz und nimmt auch nicht den im Zentrum, sondern verhält sich bescheiden.

❀ Er soll sich nicht allzu sehr verspäten, sodass die Gastgeber nicht lange warten müssen. Auch eine zu frühe Ankunft ist unerwünscht, damit hinreichend Zeit für die Vorbereitungen der Gastgeber bleibt.

❀ Der Gast soll niemanden stören, indem er sich zwischen die Anwesenden zwängt, sondern widerspruchslos auf dem ihm vom Hausherren zugewiesenen Stuhl Platz nehmen.

❀ Er darf einen schon belegten Platz nicht für sich beanspruchen, selbst wenn er einen höheren Rang innehat.[2]

❀ Weisen ihm Anwesende einen Sitz zu, der besser ist als die ihren, ist er angeraten, bescheiden einen weniger exponierten auszusuchen.

❀ Der Ankommende grüßt und nimmt seinen Platz ein.

*Einige Sitzgepflogenheiten*[3]

❀ Ibrahim al-Nakhai sagte: „Tritt einer von euch in ein Haus ein, soll er sich dorthin setzen, wohin ihn der Hausherr weist."

---

1 Ausführungen aus der Hadiya, außer wenn anders gekennzeichnet.
2 Az-Zuhayli, *Akhlaq*, S. 239.
3 Ibn 'Abd Rabbih, *al-'Iqd*, Bd. 2, 428.

❀ Von Abu Bakr Ibn Abi Schayba ist überliefert, dass der Gesandte Gottes ﷺ sagte: „Niemand muss wegen eines anderen Ankommenden aufstehen. Er soll Platz für ihn machen."

❀ 'Abdullah Ibn 'Umar pflegte einen Sitzplatz abzulehnen, wenn dafür jemand für ihn aufstehen musste. Er sagte: „Niemand von euch soll von seinem Sitz aufstehen; macht Platz, dass Gott für euch Platz macht."

❀ Ein Mann kam herein und setzte sich zu Hassan, dem Sohn 'Alis ﵁, als er gerade dabei war, auszugehen. Er wandte sich zu ihm und sagte: „Du triffst gerade bei uns ein, da wir weggehen wollten, gestattest du uns dies?"

❀ Sa'id Ibn al-'As sagte: „Nie würde ich meine Beine vor meinem Gast durchstrecken. Auch stand ich niemals auf, ehe er es getan hatte."

*Weitere Gepflogenheiten*[4]

❀ Yahya ibn Aktham: Ich begleitete eines Tages den Kalifen der Mamun als er in einem Feld spazieren ging. Ich nahm die Sonnenseite, um ihn vor der Sonne zu schützen. Als wir zurückgehen wollten und ich wieder die Seite suchte, die ihn vor der Sonne schützte, da sagte er zu mir: „Tue es nicht, bleib, wo du warst, so dass ich dich jetzt schütze, so wie du es zuvor bei mir getan hast." Ich antwortete: „Euer Gnaden, wenn ich es könnte, würde ich euch sogar vor dem Feuer schützen". Er antwortete: „Dies gehört sich nicht beim Begleiten." Wir gingen dann so, dass er mich vor der Sonne schützte, ähnlich wie ich es zuvor für ihn getan hatte.

❀ Umar Ibn Dthar wurde gefragt: „Wie benimmt sich dein Sohn dir gegenüber?" Er antwortete: „Tagsüber geht er nie vor mir, abends nie hinter mir. Er ging nie irgendwo empor, wenn ich unter ihm stand."

❀ Sa'id Ibn al-'As sagte: „Ich schulde meinem Gast drei Dinge: Sucht er mich auf, heiße ich ihn willkommen, will er sich setzen, mache ich ihm

---

4 Ibn 'Abd Rabbih, *al-'Iqd*, Bd. 2, S. 429–431.

reichlich Platz, spricht er, wende ich mich ihm zu." Und er fügte hinzu: „Es würde mich sogar stören, wenn Fliegen meinen Gast belästigten."

## Betreten eines fremden Hauses[5]

❊ Das Eintreten in einen Wohnbereich, ein Haus oder eine Wohnung darf nur im Einverständnis mit dem Besitzer erfolgen.

Die folgenden Empfehlungen haben in unseren Bereichen keine Geltung mehr, sind nur noch von historischem Wert und werden daher als interessanter Lesestoff angeführt.

❊ Eine Ausnahme, in der ein Haus betreten werden darf, besteht u. a. wenn ein Dieb in ein Haus flüchtet. In diesem Fall braucht der Verfolger nicht um Erlaubnis bitten.

❊ Wenn jemandem Wertgegenstände im Wohnbereich eines anderen zu Boden fielen und er fürchten muss, dass sein Eigentum irrtümlich als das des Hausbesitzers angesehen wird, so darf er in diesem Fall sein Eigentum schnell und unauffällig holen bzw. aufheben. Vorher sollte aber eine verlässliche Person von seinem Vorhaben unterrichtet werden.

❊ Besteht keine Sorge, dass der Hausherr den Wertgegenstand als den seinen deklariert, sollten die Gegenstände erst nach Einholen seiner Erlaubnis aufgehoben werden.

❊ Einige Gelehrte vertreten die Meinung, es sei sogar gestattet, das Haus eines Freundes zu betreten, um sich dort aufzuwärmen, vorausgesetzt, der Hausherr ist damit einverstanden.

❊ Ist bekannt, dass der Hausherr keine Einwände hat, dann ist es gestattet, dies ohne Rückfrage zu tun.

❊ Befindet sich in einer Liegenschaft ein Brunnen oder ein Teich, darf Außenstehenden deren Nutzung nur dann untersagt werden, wenn alternative Möglichkeiten vorhanden sind. Der Besitzer kann im Anlassfall rechtlich dazu verurteilt werden, entweder selbst Wasser zu

---

5  Hadiya, S. 308–310.

vergeben oder Bedürftigen zu gestatten, hierfür sein Grundstück zu betreten. In einem Hadith heißt es: „Die Menschen sind Partner in drei Dingen: Wasser, Weidegras und Feuer."

❀ Die Bestimmungen bei Weidegras sind ähnlich. Was ohne Zutun des Besitzers wächst, ist Gemeineigentum.

❀ Unter „Gemeinschaft des Feuers" ist das Entfachen eines Feuers im Gelände zu verstehen. Das Feuer ist unter diesen Umständen Allgemeingut, andere dürfen sich also daran wärmen oder es als Lichtquelle benützen. Niemand darf hier abgewiesen werden. Befindet sich die Feuerstelle dagegen auf seinem Grundstück, darf der Besitzer Fremden den Zutritt verwehren.

*Empfehlungen für das Verhalten auf der Straße*[6]

❀ Beim Verlassen der Wohnung ist es erwünscht, die Worte: „Im Namen Gottes, überlasse ich mein Schicksal Gott" (*Bismillah, tawakkaltu 'ala Allah*) auszusprechen.

❀ Der Mann soll seinen Blick senken und nicht ohne Grund nach rechts oder links schauen.

❀ Anders der Bürgermeister, denn es gehört zu seinen Aufgaben, alles zu sehen, um Hindernisse oder Unstimmigkeiten zu beseitigen.

❀ Es heißt, dass es töricht ist, Passanten anzustarren und zu belauschen. Vornehmer ist es, ruhig und andächtig zu gehen.

❀ Bespritzt jemand in einer frequentierten Straße andere mit Schmutz und verursacht dadurch Schäden an Mensch oder Tier, so haftet er dafür.

Merke

Es geziemt sich, eine honorige Persönlichkeit etwa um einen halben Schritt oder um eine Schulterlänge zurück versetzt zu begleiten.

---

6 Hadiya, S. 312.

# 4 Sprüche der Weisheit

❀ Die Weisen sagen: Die Krönung der Höflichkeit ist es, hinzuhören, richtig aufzunehmen und zu verstehen.

❀ Von einem anderen kommt folgender Rat an seinen Sohn: „Mein Kind, lerne gut hinzuhören, so wie du lernst, gut zu sprechen. Deine Zuhörer sollten merken, dass du lieber zuhörst als sprichst. Und hüte dich davor, etwas voreilig auszusprechen, von dem du weißt, du könntest es eventuell wieder zurücknehmen, bis die Leute die Gewissheit haben, dass du eher Taten zeigst als bloße Worte machst."

❀ Und sie sagten: Es gehört zur Höflichkeit, niemanden nieder zu reden oder ihm ins Wort zu fallen. Richtet sich die Frage an einen anderen, solltest du nicht an seiner Stelle antworten, und wenn er spricht, nicht mit ihm wetteifern oder dazwischenreden, um zu zeigen, dass du es besser kannst. Du sollst, wenn du mit einem anderen diskutierst und fühlst, dass deine Argumente die besseren sind, es ihm erleichtern, etwas zurückzunehmen. Zeige ihm nicht, dass du Sieger bist. Bringe dir bei, besser zuzuhören, so wie du lernst, gut zu sprechen.[1]

---

1 Aus Ibn 'Abd Rabbih, *al-'Iqd*, Bd. 2, S. 427.

## Al-Khidr und die geheimnisvolle Stadt

Folgende Anekdote soll zum Nachdenken anregen und erzählt von einem frommen, gottesfürchtigen Jungen aus dem Volke Israel. Er wurde immer wieder von al-Khidr aufgesucht, und durfte von seinen Weisheiten lernen. Zu jener Zeit lebte ein mächtiger König, der unbedingt auch al-Khidr sehen wollte. Er gab dem Jungen den Auftrag, al-Khidr mit allen Mitteln in seinen Hof zu bringen, wenn er nicht seinen Kopf riskieren wollte. Der Junge war von nun an voller Sorge, angesichts dieser misslichen Situation, in der er sich befand. Als al-Khidr ihn wieder besuchte und seine Bekümmertheit merkte, fragte er ihn, was ihn bedrückte, und schlug vor, gemeinsam den König aufzusuchen.

Beim König vorstellig, wollte er von al-Khidr etwas Außergewöhnliches aus dem Leben des Weisen erzählt bekommen. „Während meines langen Lebens habe ich viel erlebt" begann al-Khidr, „werde aber euer Gnaden das erzählen, was mir gerade in den Sinn kommt. Ich kam während meiner Wanderungen an vielen Orten vorbei, so auch an einer pulsierenden Stadt. Ich fragte ihre Einwohner, seit wann sie bestünde. Und sie antworteten: „Dies ist eine besondere Stadt, die schon so lange steht. Aber keiner von uns weiß, seit wann und wie lange!"

Ich zog weiter und nach hunderten von Jahren gelangte ich wieder an jenen Ort. Diesmal stand keine Stadt mehr. Aber ich traf auf einen alten Mann, der gerade auf einem Feld Gewächse sammelte. Ich fragte ihn: "Es war einmal eine Stadt hier, seit wann gibt es denn diese nicht mehr?" Er antwortete: „Das Land hier hat immer so ausgesehen." Ich fragte weiter. Und er sprach: „Von einer früheren Stadt hier weiß keiner von uns etwas, nicht einmal unsere Vorfahren haben uns etwas berichtet."

Ich zog weiter und kam nach 500 Jahren wieder dort vorbei. Dieses Mal fand ich einen großen See mit Fischern vor. Und ich fragte: „Seit wann war dieses Stück Land zur See geworden? Sie antworteten: „Du stellst eine komische Frage! Dieser See war immer schon da; von einem Land hat niemand von uns je etwas gehört, nicht einmal unsere Eltern!"

Es vergingen weitere 500 Jahre, und da stand ich an der gleichen Stelle. Nun fand ich ein dürres Gelände vor; dort saß einsam ein Mann. Ich fragte ihn, seit wann dieses Land so dürr wäre, wo doch früher ein See hier lag. Der Mann antwortete: „Niemals war hier ein See! Nie haben wir etwas davon gehört!" Als ich nach 500 weiteren Jahren abermals dort war, sah ich wieder eine große, lebhafte Stadt. Erneut fragte ich die Bewohner: „Seit wann steht denn diese schöne Stadt hier?" Da kam die Antwort, dass sie immer schon da gestanden habe. „Weder wir noch unsere Vorfahren haben je von etwas anderem gehört!"

Als dies der König vernahm, da sagte er: „Ich verzichte ab sofort auf meinen Thron und will Euch folgen!" Al-Khidr aber antwortete: „Ihr werdet nicht mit mir gehen können, folgt aber diesem jungen Mann, der wird Euch den richtigen Weg zeigen."[2]

---

2  Zakariya al-Qazwini, *Adscha'ib al-Makhloukat wa Ghara'ib al-Mawdschudat.* Hg. von Faruq Sa'ad, Beirut: Dar al-Afaq al-Dschadida 1981, S. 129–130.

Al-Khidr („der Grüne") ist eine allegorische Figur, welche die tiefstmögliche mystische Erkenntnis darstellt. Er vertritt jenes Wissen, das sich in der Schau begründet. Al-Khidr erscheint dort, wo über den normalen Zugang keine Erkenntnisse möglich sind. Er ist somit die höchste Form eines Lehrers. In Ibn Manzur, *Lisan*, Bd. 1, S. 849, wird unter Bezug auf Ibn 'Abbas al-Khidr als ein Prophet aus dem Volke Israel präsentiert. Nach einer anderen Tradition gilt er als ein gottesgnädiger Diener, den Moses eine Zeit lang begleitete; und laut Ibn al-Athir (*Al-Kamil fi Tarikh*, Bd. 1, S. 138–142) lebte al-Khidr vor und zur Zeit von Moses; er ist nicht identisch mit Jeremias. Es heißt, dass er ein unsterblicher Prophet und Lehrer ist.

# 5 Rund ums Essen und Trinken[1]

Die Nahrungsaufnahme dient dazu, Hunger und Durst zu stillen und die Kleidung, um Kälte und Hitze abzuwenden. Beide sind persönliche religiöse Pflicht (*fardh*). Sie sind eine Belohnung, solange sie den Menschen in die Lage versetzen, Unheil von ihm abzuwenden, um Pflichten, wie Gebete zu verrichten und um fasten zu können. Sie sind erwünscht (*sunna*), um einen in die Lage zu versetzen, *nawafil* (freiwillige religiöse Tätigkeiten) zu verrichten, unter anderem um Wissen zu sammeln und es weiterzugeben.

❀ Sich satt zu essen ist erlaubt; unerwünscht (*makruh*) ist, was über das Sattessen hinausgeht; verboten (*haram*) ist Völlerei. Eine Ausnahme ist es, wenn der Essende damit bezweckt, sich auf das Fasten am darauf folgenden Tag vorzubereiten oder einen Gast nicht in Verlegenheit zu bringen, bevor er seinen Hunger gestillt hat.

❀ Nicht erlaubt ist es, die Nahrungszufuhr derart zu drosseln, dass man die Pflichtgebete nicht mehr im Stehen verrichten kann. Solange die Reduktion aber nicht stark schwächt, ist sie erlaubt.

DER PROPHET ﷺ: Wenn einer von euch isst, soll er mit seiner Rechten essen und mit seiner Rechten trinken, denn der Satan isst mit seiner Linken und trinkt mit seiner Linken.[2]

❀ Es gehört sich, dass der Gastgeber vor dem Essen seine Hände wäscht und dann seine Gäste fragt, ob sie auch die ihren waschen wollen.

---

1 Hadiya, S. 214–218.
2 Hadiya, S. 218, wobei die meisten Gelehrten, einschließlich die Hanafi-Schule, der Ansicht sind, dass dies zu den „Adab-Regeln" (Benimmregeln) gehört, aber keine Pflicht ist.

Nach dem Essen waschen sich die Gäste die Hände vor dem Gastgeber. Wer die Getränke austeilt, soll übrigens als letzter trinken.[3]

❀ Beim Servieren der Getränke beginnt man beim ranghöchsten Gast, um danach mit den rechts von ihm Sitzenden weiterzumachen. Sowohl Gastgeber als auch Gäste nützen hierbei die rechte Hand.[4]

Von Abu Bakr Ibn 'Ubaid kommt der Spruch: „Einmal bestraft gehört jener, der ungeladen an einem Essen teilnimmt, zweimal jener, der den ihm vom Gastgeber zugeteilten Sitzplatz nicht annimmt, und dreimal jener, der eine Einladung annimmt und vom Hausherren fordert, seine Frau zu holen, damit sie sich dazu setzt."[5]

❀ Als Vergeudung gilt das gleichzeitige Einnehmen mehrerer Speisesorten, es sei denn, es dient dazu, sich beim Verrichten der Gebete zu stärken, wenn jemandem das Angebot nur einer Sorte nicht zusagt, außerdem wenn Gäste eingeladen werden und eine Gruppe nach der anderen erscheint.

❀ Es ist dennoch erlaubt, zwei Sorten zu essen und das Sortiment zu erweitern, darin besteht Übereinstimmung zwischen den Gelehrten. Was von manch frommen Vorfahren überliefert wurde, ist oft nicht als Verbot aufzufassen, sondern nur als Aufforderung, es nicht zur Gewohnheit werden zu lassen.

❀ Die türkische Sitte, eine Speisesorte nach der anderen zu servieren, ist eine akzeptable Gewohnheit.

Merke

Als Ausdruck der Gastfreundschaft ist es vielfach üblich, mehrere Sorten aufzutragen und den Tisch üppig zu decken.

❀ Es gilt als Verschwendung, mehr Brot hinzustellen als nötig.

---

3  Ibn 'Abd Rabbih, al-'Iqd, S. 459.
4  Az-Zuhayli, Akhlaq, S. 214–215.
5  Ibn 'Abd Rabbih, al-'Iqd, S. 458.

❀ Es ist tunlichst zu vermeiden, den Salzbehälter oder den Teller aufs
Brot zu stellen, oder das Messer mit Brot abzuwischen, wenn man das
Brotstück danach nicht selbst zu essen beabsichtigt. Einige Gelehrte
meinen sogar, dies sei verboten.

❀ Wie es heißt, soll man Brot bestmöglich würdigen. An jedem Bissen
Brot sind 360 Arbeiter beteiligt, als erster der Engel Michael (Mikael),
der Wasser aus den Behältern der Barmherzigkeit (Anm.: die Wolken)
eingießt und als letzter der Bäcker. Der Gesandte Gottes, des Erhabenen, sagte: „Ehret das Brot, es gehört zum *barakat* (Segen) aus Himmel und Erde. Wer die Stücke, die herunterfallen, aufpickt und isst,
dem wird vergeben."[6]

❀ Als Verschwendung gilt es, nur den mittleren Teil des Brotlaibes zu
essen und die Endstücke übrig zu lassen oder nur den weichen Teil,
es sei denn, er wählt, was ein anderer übrig gelassen hat, oder er hat
defekte Zähne, oder er sucht unter geschnittenen Brotstücken eines
aus.

❀ Nicht erwünscht (*makruh*) ist es, Brot auf den Boden zu werfen.

❀ Es gehört zur Ehrung des Brotes, mit dem Brot zu beginnen und
nicht abzuwarten, bis die Hauptspeise serviert wird, allerdings nur im
eigenen Haus. Als Gast muss die Erlaubnis des Gastgebers abgewartet
werden. Fällt jemandem ein Stück Brot aus der Hand, soll er es nicht
liegen lassen, sondern damit zu essen beginnen.

❀ Die Tradition (*sunna*) besagt, dass man nicht als Erster aus der Mitte
eines gemeinsamen Tellers essen soll. Liegt nur eine Speise darauf,
soll man immer von der gleichen Stelle essen. Liegen verschiedene
Speisen darauf, z. B. verschiedene Obstsorten, ist dagegen nichts
einzuwenden. Man soll außerdem nicht im und aus dem Bereich
seines Nachbarn essen. Insbesondere bei saftigen Speisesorten wirkt
dies nämlich störend. Bei festen Sorten, z. B. Datteln, ist es hingegen
gestattet. Heiße Speisen soll man abkühlen lassen. Man soll nicht an
den Speisen riechen.

---

6 Fußnote Hadiya, S. 215 f., der Hadith findet sich bei at-Tabari. Ausführungen in
Hadiya.

❁ Erlaubt ist es, die Speisen blasend abzukühlen, laute Geräusche sind
dabei allerdings verpönt und zu vermeiden.

Merke

Diese Regel gilt nur, wenn man alleine oder mit seinen engen Familien-
angehörigen isst. Dann ist es angebracht, zu blasen, um das Essen abzukühlen. Wenn man aber mit anderen isst, dann darf man dies nicht tun.
Man soll vielmehr Geduld zeigen, bis das Essen abgekühlt ist. Andere Gelehrte sind sogar der Meinung, dass das Blasen etwas absolut Verbotenes
ist und dass man in allen Fällen Geduld zeigen soll.

❁ Schweigen während des Essens ist nicht erwünscht (*makruh*), ge-
sprochen wird nur über Positives. Abstoßendes wie Tod, Feuer oder
Krankheiten soll vermieden werden.

❁ Erwünscht ist es auch, den Teller leer zu essen. Die Sunna empfiehlt
außerdem, das Mahl mit Salz zu beginnen und mit Salz abzuschließen.

Merke

Die erhöhte Zufuhr von Salz ist vor allem in heißen Ländern, wo durch
Schwitzen stets Salzmangel droht, durchaus sinnvoll.

❁ Gegessen wird mit der rechten Hand, es sei denn, es liegen triftige
Hinderungsgründe vor, und es spricht nichts dagegen, die linke Hand
zu Hilfe zu nehmen. Selbst der Gesandte Gottes, des Erhabenen, hat
Brot mit der Rechten gegessen und Wassermelonen mit der Linken.[7]
Wenn auf dem Tisch angebrochene Brotstücke liegen, sind zunächst
diese zu verzehren, bevor vom Laib weiter abgeschnitten wird.

❁ Es ist Sunna, den Namen Gottes, des Erhabenen, zu Beginn des Essens,
wenn es *halal* ist, zu erwähnen und Gott, dem Erhabenen, am Ende
zu danken. Die Hände möge man vorher und nachher mit Wasser

---

7  Hadiya, S. 218. Siehe auch az-Zuhayli, *Akhlaq*, S. 212: Essen mit der rechten Hand
erwünscht.

waschen und mit einem Tuch abtupfen, damit alle Spuren beseitigt werden. Das Waschen nur einer Hand wird als nicht ausreichend betrachtet.

✻ Keine Einwände gibt es dagegen, bei Tisch die Ellbogen aufzustützen, es sei denn, es ist Ausdruck von Arroganz.

*Speisen von Gefangenen*

Der Koran: ﴾... und sie speisen aus Liebe zu Ihm einen Armen, einen Waisen und einen Gefangenen: „Wir speisen euch nur um Allahs willen. Wir wollen von euch weder Lohn noch Dank ..."﴿[8]

Dazu der Gefährte Ibn 'Abbas und andere Gelehrte: Gemeint sind muslimische wie auch nichtmuslimische Häftlinge. Der Gesandte Gottes, des Erhabenen, verlangte von seinen Genossen, Gefangene gut zu behandeln und sie beim Speisen sogar sich selbst vorzuziehen.[9]

*Gastlichkeit*

✻ Der Dank an Gott, den Erhabenen („al-Hamdulillah"), am Ende des Mahles soll nicht laut erfolgen, es sei denn, alle Gäste sind bereits fertig. Wurde darauf vergessen, den Namen Gottes, des Erhabenen, vor Beginn des Essens zu nennen, kann dies mit den Worten „Im Namen Allahs zu Beginn und am Ende" nachgeholt werden.

✻ Vor dem Essen waschen sich zuerst die Jüngeren, danach die Älteren die Hände.[10]

✻ Erhält man zeitgleich zwei Essenseinladungen, wird die des am nächsten Wohnenden angenommen, andernfalls die von demjenigen, der einem am nächsten steht.

---

8 Sure 76:8–9, siehe die Übers. von Ahmad v. Denffer, König-Fahd-Komplex, Rudi Paret und Max Henning. „Aus Liebe zu Ihm" wird sowohl mit „aus Liebe zu Allah" als auch „aus Liebe zum Essen" übersetzt.

9 Ibn Kathir, *Tafsir*, Sure 76, Bd. 4, S. 455.

10 Wenn nicht anders gekennzeichnet, sind die Ausführungen hier aus der Hadiya.

❊ Es gehört zur Gastfreundschaft, den Gast zu ehren und das Mahl
rasch zu servieren, selbst wenn ein oder zwei Gäste sich verspäten,
es sei denn, es handelt sich bei diesen um arme Menschen oder
jemanden, der sich dadurch verletzt fühlt: In diesen Fällen ist natürlich
abzuwarten.

❊ Der Gast soll während des Besuches Rücksicht auf die Gefühle
des Hausherren nehmen, sich nicht stundenlang in langatmigen
Gesprächen ergehen und nur mit Einverständnis des Hausherrn nach
Hause gehen. Sind die Gäste beispielsweise mit dem Essen fertig und
bitten um Erlaubnis, gehen zu dürfen, soll der Gastgeber sie nicht
daran hindern.

❊ Er wählt nicht den besten Sitzplatz und nimmt nicht in der Mitte Platz,
sondern agiert bescheiden. Er soll die Gastgeber nicht lange warten
lassen, aber auch nicht zu früh kommen, so dass sie ausreichend
Vorbereitungszeit haben. Er soll auch nicht stören, indem er sich
zwischen Anwesende drängt, sondern sich demütig auf den Platz
setzen, den ihm der Hausherr zugewiesen hat.

❊ Weist man ihm einen Platz zu, der Ranghöheren zukäme, verhalte
er sich bescheiden und wähle einen weniger respektablen Platz. Der
Blick soll auf den Teller gerichtet sein und nicht nach links oder rechts
schweifen. Die Anwesenden sollen nicht beim Essen beobachtet und
damit in Verlegenheit gebracht werden, ebenso nicht das, was sie zu
sich nehmen. Aus Höflichkeit ist die Aufmerksamkeit nur auf das
eigene Tun gerichtet.[11]

❊ Man nimmt kleine Bissen und kaut gründlich, der Mund bleibt dabei
geschlossen. Körperteile oder Kleidung werden während des Mahls
nicht berührt.

❊ Beim Niesen ist das Gesicht abzuwenden und die Hand oder ein Tuch
vor den Mund zu halten.

❊ Man blickt nicht in die Richtung, aus der das Essen kommt, auch
nicht auf den Bissen, den man zum Mund führt, ehe man den ersten

---

11 Hadiya, S. 219 und danach, so auch die weiteren Ausführungen.

geschluckt hat, und nimmt Rücksicht auf die Mitessenden. Es ist außerdem untersagt, absichtlich mehr als die anderen von einem gemeinsamen Teller zu essen, wenn dies die anderen übervorteilt; sparsames, bescheidenes Vorgehen ist auch hier oberstes Gebot.

❀ Der Gast soll außerdem z. B. nicht zwei Datteln auf einmal essen, wenn der Gastgeber dies nicht billigt. Wenn der Gast Miene macht, das Essen einzustellen, soll er ermutigt werden, weiterzumachen, aber nicht öfter als dreimal.

❀ Ihn bei Allah, den Erhabenen, zu beschwören, weiter zu essen, ist untersagt, denn Nahrung ist es nicht Wert, dass beim Wort Gottes, des Erhabenen, darauf geschworen wird.

❀ Vom Tisch aufzustehen ist nur gestattet, wenn man mit dem Essen fertig ist. Weder soll während des Mahls für einen Ankommenden aufgestanden noch im Gehen fertig gegessen werden.

❀ Das servierte Essen darf nicht kritisiert werden, man soll vielmehr vom Erwünschten essen und vom Unerwünschten nicht. Brotreste soll man nicht an den Straßenrand legen, es sei denn für Ameisen.

❀ Dem Gast ist es erlaubt, eine Katze zu füttern, nicht aber einen Hund, selbst wenn es der Hund des Hausherrn ist. Bleibt etwas übrig, darf der Gast keinesfalls bitten, etwas mitnehmen zu dürfen. Der Gast darf vom Gastgeber zusätzlich nur Wasser oder Salz verlangen und das Essen des Gastgebers nicht verschmähen. Er isst, was er vorfindet und dankt Gott, dem Erhabenen, dafür.

Merke

Hundespeichel gilt bei den drei Rechtsschulen – außer bei den Malikis – als unrein. Berührungen mit dem Maul oder dem Speichel eines Hundes sind daher grundsätzlich zu vermeiden.[12]

---

12  Nach Abu Nasr al-Maliki al-Jazairi, *Muntada as-Sada al-Malikiya* (entnommen aus einem Diskussionsforum/*Fatawa*).

❀ Einige Gelehrte erklärten es für nicht erwünscht (*makruh*), vom Gastgeber mehr zu verlangen, als man essen kann, dies schade der Aufrichtigkeit und trübe die Freude der Gäste.

❀ Man soll sich außerdem nicht einladen lassen.

❀ Erwünscht ist es, dass der Gastgeber seine Gäste bittet zu essen, ohne sie zu bedrängen und ihnen selbst zu servieren. Die Angehörigen dürfen allerdings bei der Bewirtung nicht vernachlässigt werden, auch darf der Hausherr seine Gäste nicht jemandem Langweiligen oder Lästigen aussetzen.

❀ Der Gast darf seinen Gastgeber nicht fragen, ob die Speisen erlaubte oder verbotene Zutaten enthalten, er soll essen, als ob er zu Hause wäre.

❀ Vor den Gästen darf man das Personal nicht tadeln oder Zorn zeigen, sich nicht zu schweigsam verhalten, und mit der Einladung darf keine Angeberei oder Prahlerei bezweckt werden, sie darf nur der Tradition wegen erfolgen (*sunna*).

❀ Es ist erlaubt, stehend zu trinken, besser jedoch ist es, wenn es im Sitzen erfolgt. Nicht erwünscht dagegen ist es, im Gehen zu trinken, außer für Reisende. Wer sich genötigt fühlt, soll sagen: „O Gott, segne den, der stehend oder sitzend trinkt.“[13]

❀ Verboten ist es, mit Besteck oder Geschirr aus Gold oder Silber zu essen oder daraus zu trinken, erlaubt dagegen ist, eine mit Gold oder Silber verzierte Schüssel, einen Becher, Sattel, Sessel oder dergleichen zu verwenden.

---

13  Ibn 'Abd Rabbih, *al-'Iqd*, Bd. 2, S. 228.

## 6 Verbotene Speisesorten

*Schweinefleisch*

DER KORAN: ❴Verboten hat Er euch nur (den Genuss von) Verendetem, Blut, Schweinefleisch und dem, worüber ein anderer (Name) als Allah angerufen worden ist. Wer sich aber in einer Zwangslage befindet, ohne zu begehren oder das Maß zu überschreiten, für den ist es keine Sünde.❵[1]

DER KORAN: ❴Verboten ist euch (der Genuss) von Verendetem, Blut, Schweinefleisch und dem, worüber ein anderer Name als Allah angerufen worden ist, und der Genuss von Ersticktem, Erschlagenem, zu Tode Gestürztem oder Gestoßenem,[2] und was von einem wilden Tier gerissen worden ist – außer dem, was ihr schlachtet[3] – und was auf einem Opferstein geschlachtet worden ist, und mit den Pfeilen zu losen. Das ist Frevel.❵[4]

❋ Verbotenes zu essen oder zu trinken von totem Tier, Schweinefleisch, Blut oder alkoholischen Getränken, ist auch dann nicht gestattet, wenn die Nötigung durch Gefängnisstrafen, Anbinden oder Schläge erfolgt, die aller Wahrscheinlichkeit nach nicht zu gesundheitlichen Schäden führen. Werden aber exzessive Methoden angewandt, z. B. wird damit gedroht, Dunkelhaft oder Vermögensbeschlagnahmung auferlegt, exzessive Schläge verabreicht, Glieder oder Teile eines Glieds abgetrennt zu bekommen oder getötet zu werden, dann ist es erlaubt, ja, sogar Pflicht, Verbotenes zu essen. Weigert man sich

---

1  Sure 2:173, Übers.: König-Fahd-Komplex.
2  Z. B. von einem anderen Tier.
3  D. h. bevor es verendet.
4  Sure 5:3.

dennoch so lange bis man getötet wird, wird man selbst schuldig. Ähnlich verhält es sich in Zeiten starker Hungersnot: Man würde sich schuldig machen, wenn man sich in diesem Falle weigerte, von totem Fleisch zu essen und Hungers zu sterben.

❋ Somit ist mutwilliger Konsum von Schweinefleisch oder Kadaver, wenn keine Not besteht, verboten.

Merke

Das Verbot von Schweinefleisch schließt auch alle seine Bestandteile mit ein. Gerichte wie Kartoffelchips mit Speck, Kuchen oder Kekse, Käse oder Eis, bei deren Zubereitung tierisches Fett als Zutat verwendet worden ist, dürfen von Muslimen nicht gegessen werden, so auch Gerichte, die in Schweineschmalz oder anderen tierischen Fetten gebraten wurden.[5]

*Weitere verbotene (haram) und nichterwünschte (makruh) Speisen*

❋ Das Fleisch folgender Tiere darf nicht konsumiert werden: Heimischer Esel, Fleisch fressende, Krallen tragende Wildtiere und Raubvögel, Säugetiere wie Mäuse und Ratten, Hyänen, Füchse, Schildkröten, Aas fressende Krähen, Geier, Elefanten, Wölfe, Katzen, ob heimische oder Wildkatzen, Hunde, Schweine, Affen, Bären, Eichhörnchen, Erdkröten, Eidechsen, Schlangen, Papageien und Störche.[6]

❋ Verbotene Teile aus erlaubtem Fleisch sind: Ausfließendes Blut, männliche oder weibliche Genitalien einschließlich Klitoris, Drüsen sowie Harn- und Gallenblase.

❋ Nicht erlaubt ist es, ein zur Ehrung eines Königs oder eines Prinzen geschlachtetes Tier zu essen, selbst wenn dabei der Name Gottes genannt wurde. Sollte dies aber zum Zwecke der Gastlichkeit erfolgen, ist es erlaubt. Nicht gestattet ist es, das geschlachtete Vieh von einem vom Islam Abgefallenen zu essen.

---

5  Siehe Ahsan, *Islam*, S. 35.
6  Hadiya, S. 223.

❀ Nicht erlaubt ist es, die Totgeburt aus Schlachtvieh zu essen, wenn es aber lebend zur Welt kommt, kann es geschlachtet und gegessen werden.

❀ Nicht erlaubt ist es ferner, Würmer die in Käse oder Obst enthalten sind, zu essen. Was im Obst in gekochten Speisen ist, wenn es sich nicht vermeiden lässt zu essen, ist nicht verboten.

❀ Als nicht erwünscht gilt der Verzehr von verfaultem Fleisch.

❀ Nicht erwünscht ist es, Schleim (Speichel) zu sammeln und zu schlucken.

❀ Bei Wettbewerben gewonnene Eier oder Ähnliches dürfen weder verkauft noch gegessen werden.

❀ Nicht erwünscht ist es, gebrauchtes Wasser zu trinken, so auch nicht den Speichel der/des Geliebten.

❀ Mit Abwässern oder Fäkalien bewässerte Pflanzen dürfen konsumiert werden.

# 7 Alkoholische Getränke und andere Rauschmittel

*Alkohol*

Das absolute Alkoholverbot im Islam erfolgte laut Koran in drei Stufen:

STUFE 1: ⟨Sie fragen dich nach dem Wein und dem Glücksspiel. Sage: In beiden ist große, mutwillige Sünde und Nutzen für die Menschen, und die mutwillige Sünde von beiden ist größer als ihr Nutzen.⟩[1]

STUFE 2: ⟨Ihr, die ihr glaubt, nähert euch nicht dem Gebet, wenn ihr berauscht seid, bis ihr wisst, was ihr sagt ...⟩[2]

STUFE 3: ⟨O, die ihr glaubt! Siehe, der Wein, das Glückspiel, die Götzen und die Pfeile zum Losen sind ein Gräuel vom Werk des Teufels, also haltet euch fern davon, damit es euch vielleicht wohl ergeht. Der Teufel möchte ja, dass er zwischen euch Feindschaft sät und Hass im Wein und Glückspiel und euch abhält von der Erinnerung an Allah und vom Gebet, also hört auf!⟩[3]

HADITH: Allah ﷻ verdammte den Alkohol und denjenigen, der ihn trinkt; den Verkäufer, den Käufer, den Überbringer und den, dem er gebracht wird.

HADITH: Alles, was berauscht, ist unzulässig.[4]

❋ Alkoholkonsum ist im Islam verboten, selbst in geringsten Mengen und auch wenn er nicht zu Trunkenheit führt, sowie der Konsum von allem, was zur Beeinträchtigung der klaren Sinne führt.

---

1 Sure 2:219.
2 Sure 4:43.
3 Sure 5:90–91, Übers.: Ahmad v. Denffer in Ahsan, *Islam*, S. 36.
4 Aus Mischkat, siehe Ahsan, *Islam*, S. 36. Weitere Angaben hier aus Hadiya.

❀ Flößt man einem Tier Alkohol ein, um es danach zu schlachten und zu essen, ist es erlaubt, allerdings nicht erwünscht (*makruh*); einige Gelehrte stufen dies als Grenzfall ein.

❀ Verboten ist die Einnahme von Giften und allem, was das Bewusstsein trübt oder die Gesundheit beeinträchtigt. Wenn Gifte durch Verarbeitung jedoch ihre Toxizität verlieren, sind sie nicht mehr verboten.

❀ Nicht erlaubt ist es, Wasser so zu trinken, als sei es Wein. Ähnliches gilt für das Anstoßen, als sei es Wein, das ebenfalls untersagt ist.

❀ Der Konsum von Marihuana ist verboten, so auch zu Berauschung führende Substanzen wie Opium, Mohn oder Safran, wenn sie zu Bewusstseinsveränderungen führen.

❀ Auch in streng islamischen Ländern dürfen Nichtmuslime Alkohol in ihrem Wohnbereich konsumieren, sich sogar betrinken, sich allerdings damit nicht öffentlich zeigen oder Alkohol an Muslime verkaufen. Letzteres ist nur dann erlaubt, wenn der Alkohol als Arznei gebraucht wird.[5]

Merke

Alkohol darf nur dann als Arznei verwendet werden, wenn es keine anderen Alternativen gibt und hohe Heilungschancen zu erwarten sind.

Strenges öffentliches Alkoholverbot gilt nur in wenigen Ländern wie Saudi- Arabien, Iran, Afghanistan etc.

---

5 Ibn Taimiya, *al-Khamr*, S. 166.

*„Das ist ein Leichtes!"*

Zu welchen Fehlhandlungen Alkohol verleitet, macht folgende Anekdote deutlich:

Ein Mann wollte bei einer Frau etwas erreichen. Sie verlangte von ihm: „Nur, wenn du dich vor diesem Götzen niederkniest." Er lehnte ab und sagte: „Ich geselle Allah ﷻ niemanden bei." Dann sagte sie: „Oder du tötest dieses Kind." Er antwortete: „Wie kann ich jemanden töten, wo Allah ﷻ dies doch verboten hat?" Darauf sagte sie: „Oder du trinkst diesen Wein." Darauf meinte er: „Das ist ein Leichtes!" Er trank den Wein, wurde betrunken, tötete das Kind, kniete sich vor dem Götzen nieder und beging Unzucht mit jener Frau. ('Uthman ibn Affan ﷜)[6]

---

6  Aus Ibn Taimiya, *al-Khamr*, S. 71, mit ähnlichem Wortlaut auch in anderen Werken.

# 8 Die Pflege verwandtschaftlicher Beziehungen

*Güte den Eltern gegenüber*

Der Islam räumt den Eltern eine besonders hohe Stellung ein, die den Rang von Pflichtverrichtung neben der Anbetung Gottes, des Erhabenen, einnimmt, auch wenn die Eltern Nicht-Muslime sind.[1]

DER KORAN: ❨Und dein Herr hat bestimmt, dass ihr nur Ihm dienen und zu den Eltern gütig sein sollt. Wenn nun einer von ihnen oder beide bei dir ein hohes Alter erreichen, so sag nicht zu ihnen „Pfui" und fahre sie nicht an, sondern sag zu ihnen ehrerbietige Worte.❩[2]

'Abdullah sagte, dass er den Propheten ﷺ fragte: „Welche Taten liebt Gott, der Erhabene, am meisten?" Er ﷺ antwortete: „Die Gebete zur richtigen Zeit." Ich fragte: „Welche noch?" Und er ﷺ antwortete: „Güte den Eltern gegenüber." Ich fragte: „Welche noch?" Und er ﷺ antwortete: „Anstrengung auf dem Pfade Gottes." Er ﷺ erzählte es mir, und wenn ich mehr gefragt hätte, hätte er ﷺ weiter geantwortet.[3]

Abu Huraira berichtet, dass ein Mann zum Gesandten Gottes ﷺ kam und fragte: „Wer ist am ehesten meiner gütigen Begleitung würdig?" Er ﷺ antwortete: „Deine Mutter!" (Der Mann) fragte wieder: „Wer danach?" – „Danach deine Mutter!" – „Wer danach?" – „Danach deine Mutter!" – „Wer danach? – „Dann dein Vater!" Nach einer anderen Tradition heißt es, dass ein Mann sagte: „O Gesandter Gottes, wer ist am ehesten der gütigen Begleitung (Behandlung) würdig?" Er ﷺ antwortete:

---

1 Siehe u. a. Farrukh, *Tarikh*, S. 178.
2 Sure 17:23, Übers.: König-Fahd-Komplex.
3 Al-Bukhari, entnommen aus as-Sayuti, *Akhbar*, S. 48.

„Deine Mutter, gefolgt von deiner Mutter, gefolgt von deiner Mutter, dann dein Vater, dann die am nächsten Verwandten und so fort."[4]

'Abdullah ibn 'Amr erzählte: „Ein Mann suchte den Propheten ﷺ auf, um vor ihm einen Eid abzulegen, er reiste aus (*hidschra*) und ließ seine Eltern weinend zurück. Der Gesandte ﷺ sagte: ‚Kehre zu (deinen Eltern) zurück und bringe sie zum Lachen, so wie du sie zum Weinen gebracht hast.'"[5]

Folgende Regeln lassen sich daraus ableiten:[6]

Es besteht die Pflicht,

1. auf die Eltern zu hören und ihre Bedürfnisse zu berücksichtigen. Dem nicht nachzukommen bedeutet, sie zu brüskieren. Dies wird als uquq bezeichnet und ist dem shirk nahe (Gott, dem Erhabenen, jemand beizugesellen), ähnlich dem Selbstmord oder Meineid (so Hadith Bukhari).

   Die Auflagen der Eltern müssen nicht befolgt werden, wenn sie von ihren Kindern verlangen, den Geboten Gottes, des Erhabenen, nicht nachzukommen oder wenn sie eine arrangierte Ehe ihrer geistig und geschlechtlich reifen Kinder erzwingen, oder auf eine Trennung von Verheirateten drängen wollen (Zwangsehen sind verboten!).

2. den Eltern gegenüber Geduld zu zeigen, sie nicht zu beschimpfen, sie nicht zu erniedrigen oder abfällig zu behandeln.

3. den Eltern gegenüber Güte, Barmherzigkeit und Nachsicht zu zeigen, für sie zu beten, sowohl während ihres Lebens als auch danach, und Gott, den Erhabenen, zu bitten, ihnen zu vergeben.

4. sich in deren Gegenwart artig zu benehmen und sich keusch zu kleiden. Ordinäres Benehmen durch Worte, Kleidung, Sitzhaltung oder ähnliches sollte man vermeiden.

5. ihnen entgegenzukommen und Hilfsbereitschaft zu zeigen, ihnen bei alltäglichen Angelegenheiten zu helfen. Es schickt sich nämlich nicht,

---

4 Ebd.
5 Ebd., S. 50.
6 Mbayyid, *Adab*, S. 159–161.

wenn z. B. das Kind neben seiner Mutter oder seinem Vater geht und ihr bzw. ihm beim Tragen einer Tasche oder anderer Gegenstände nicht hilft. Auch eifriges Lernen stellt eine Entlastung für die Eltern dar.

6. darauf zu achten, durch abwegiges Verhalten, Schimpfe auf die Eltern zu ziehen oder den guten Ruf von Eltern zu schädigen.

Von Abu Huraira wird berichtet, dass er zwei Personen traf, die gemeinsam unterwegs waren, und er den jüngeren fragte: „Wer ist denn dieser, dein Begleiter?" Seine Antwort war: „Mein Vater." Darauf sprach Abu Huraira: „Gehe nicht vor ihm, setze dich nicht vor ihn hin, sprich ihn höflich an und veranlasse nicht Fremde, über ihn zu schimpfen."

7. nach dem Ableben der Eltern sollte man für sie beten und Gott, den Erhabenen, bitten, ihnen zu vergeben. Die Nachkommen sollten außerdem deren ausstehende Verpflichtungen begleichen (z. B. Schulden), die Verwandten der Eltern nicht vernachlässigen und die Kontakte zu deren Freunden nicht abbrechen.

*Zusammenfassung*[7]

❃ Das Aufrechterhalten verwandtschaftlicher Beziehungen ist Pflicht, sei es durch das Kundtun von Friedensgrüßen, durch Geschenke, Beistand, Zusammenkünfte, Gespräche, Zuwendungen oder Freundschaftsbekundungen. Häufige Besuche, um die Liebe zu fördern, sind erwünscht, ja, enge Verwandte sollten jedes Wochenende (am Freitag oder Feiertag) oder monatlich besucht werden. Manche Gelehrte schlossen allerdings auch entfernte Verwandte mit ein. Am stärksten gilt das Besuchs- und Kontaktgebot für die eigenen Eltern. Wenn jemand weit entfernt wohnt, soll der Kontakt brieflich oder telefonisch aufrechterhalten werden. Wird Hilfe benötigt, ist diese umgehend zu leisten.

---

7  Hadiya, S. 260.

❀ Der älteste Bruder ist de facto der Stellvertreter des Vaters, ebenso
der Großvater oder Urgroßvater, die älteste Schwester ist die Stell-
vertreterin der Mutter, und die Tante mütterlicherseits ebenfalls. Der
Onkel väterlicherseits soll wie der Vater sein. Bei anderen Verwandten
genügt es, den Kontakt brieflich oder durch Geschenke aufrechtzuer-
halten.

❀ Es ist wichtig zu erwähnen, dass unter der Pflege verwandtschaftlicher
Beziehungen nicht nur gemeint ist, erst deren Besuch abzuwarten,
sondern sie ebenfalls zu besuchen, wenn deren Besuch ausbleibt.[8]

---

8  Ebd., S. 260.

# 9 Vom Umgang mit den Nachbarn

Gutes Benehmen den Nachbarn gegenüber ist gefragt. Einige Gelehrte sahen darin drei Gruppen, um die man sich um gute Kontakte bemühen soll:[1]

1. Manche, die eine dreifache Verbindung zu einem aufweisen:

    a) Die der Nachbarschaft;

    b) die der gemeinsamen Religion (Islam);

    c) die einer eventuell bestehenden Verwandtschaft.

2. Welche, die eine zweifache Verbindung aufweisen: Die der Nachbarschaft und die der Religion;

3. die der Nachbarschaft und seiner Rechte.

Nach einem Hadith, erwähnt bei Bukhari, ließ der Gefährte des Gesandten Gottes, des Erhabenen, Abdullah ibn 'Umar ﷺ eines Tages ein Tier schlachten, dann fragte er: „Habt ihr, mein Ungläubiger (*muschrik*, eigentlich Gott, dem Erhabenen, jemand Beigesellender), auch dem Nachbarn (ein Stück) gegeben? Ich hörte den Gesandten Gottes, des Erhabenen, als er sagte: „Dschibril ﷺ (Gabriel) hat mir so oft empfohlen, zu meinem Nachbarn gütig zu sein, dass ich (fast) glaubte, er ließe ihn erben."

❀ Es ist daher erwünscht, für einen von einer Reise Zurückgekehrten, seinen christlichen Nachbarn zu begrüßen, besonders wenn sich dieser durch eine Unterlassung des Grußes brüskiert fühlen würde.[2]

Zu den Gepflogenheiten gegenüber dem Nachbarn gehört auch:

---

1 Hadiya, S. 260; Mbayyid, *Adab*, S. 170–172.
2 Ebd.

1. nicht etwas von seinem Besitz (z. B. ein Grundstück) unrechtmäßig für sich zu beanspruchen. Ebenso ist es nicht erlaubt, ihn durch Wände oder Mauern, welche z. B. Sonne oder Wind von ihm fernhalten, zu beeinträchtigen, oder ihn durch Bauten (Fenster, Balkone), die seine Privatsphäre beeinträchtigen, zu stören.

2. ihm während seiner Abwesenheit Schutz für seinen Besitz und seine Angehörigen zu bieten, um Schaden durch Unbefugte abzuwenden, sowie Hilfe, wo es nötig ist, zu leisten. Schließlich sollte man auch auf seine Privatsphäre achten und eventuelle Eigenheiten nicht weitererzählen.

3. zu vermeiden, ihn (und andere Nachbarn) zu belästigen, etwa durch Lärm, Abfälle oder ähnliches.

4. Hilfsbereitschaft, Güte und Nachsicht auszuüben, so auch guten Rat, soweit dies nötig erscheint, ohne dabei zu beleidigen oder jemanden vor den Kopf zu stoßen.

5. Besuche bei Anlässen nicht zu unterlassen, so auch nach Kranken zu fragen und Hilfe und Unterstützung anzubieten.

6. Man sollte außerdem ihn (und andere Nachbarn) durch Geschenke bedenken, z. B. aus dem eigenen Obstgarten. Vermeiden sollte man es allerdings, dadurch jemanden in Verlegenheit zu bringen, etwa indem man auf diese Weise die eigene Potenz und die Unzulänglichkeit des anderen demonstriert.[3]

Zusammenfassend wird hier der Hadith von Dschabir erwähnt, wonach der Gesandte Gottes, des Erhabenen, folgendes sagte: „Wisst ihr, welches die Rechte eines Nachbarn sind? Bittet er euch um Hilfe, so helft ihm, um (Geld-) Leihe, so borgt ihm. Helft ihm, wenn er in Not gerät oder verarmt, besucht ihn, wenn er erkrankt, gratuliert ihm bei guten Anlässen und bemitleidet ihn bei schlechten. Wenn er stirbt, so wohnt seinem Trauerzug bei. Vermeidet hohe Bauten vor seinem Haus, welche die Sonne von ihm fernhalten, wenn er nicht vorher um Einverständnis gefragt wurde. Belästigt ihn nicht durch die Gerüche aus euren Töpfen,

---

3 Mbayyid, *Adab*, S. 170–172.

es sei denn, ihr bedenkt ihn mit etwas davon. Und wenn du Obst kaufst, schenke ihm etwas davon, nehmt es andernfalls unbemerkt zu euch rein. Achtet aber darauf, dass eure Söhne (Kinder) nicht damit ausgehen, um so die Kinder des Nachbarn zu ärgern."[4]

---

4  Ebd., S. 170, Hadith erzählt von Dschabir. Siehe auch Ibn Manzur, *Lisan*, Art. „Qatara", Bd. 3, S. 17.

# 10 Für Frau und Mann

*Wenn die Frau den Mann oder der Mann die Frau imitiert*

❋ Es ist für die Frau verboten, den Mann nachzuahmen. Genauso ist es dem Mann untersagt, die Frau in Kleidung, Bewegung und Sprache zu imitieren.

❋ Männern ist das Tragen von seidener Kleidung nicht gestattet.

❋ 'Ali ﷺ: „Drei Eigenschaften können für den Mann ein Makel, für die Frau ein Vorzug und Vorteil sein: Sparsamkeit, Eitelkeit (*zahu*) und Ängstlichkeit. Ist die Frau sparsam, geht sie umsichtig mit ihrem eigenen und dem Vermögen ihres Mannes um. Ist sie eitel, meidet sie Situationen, die sie in Verruf bringen könnten und schlägt fremden Männern gegenüber keinen zu weichen, einladenden Ton an. Ist sie ängstlich, sucht sie nicht achtlos irgendwelche Orte auf, aus Vorsicht und Rücksicht auf ihren Mann, und um sich nicht in suspekte Situationen zu bringen."[1]

---

1 Al-Ghazali, *Ihya*, Bd. 2, S. 38. C. L. v. Knebel weist daraufhin, dass Sparsamkeit der Frau bei den Arabern nicht als Fehler angesehen, sondern gefordert wird, wörtlich: „Die Araber sagen im Sprüchwort: Freigebigkeit sey bey dem Weibe, was Geiz bey dem Manne: nemlich beyden unanständig." Goethe sagt dazu in *Die guten Weiber*: „Ein wenig Geiz schadet dem Weibe nichts, so übel sie die Verschwendung kleidet. Freigebigkeit ist eine Tugend die dem Mann ziemt, und Festhalten ist die Tugend eines Weibes. So hat es die Natur gewollt, und unser Urteil wird im Ganzen immer naturgemäß ausfallen." Er lässt dann eine anmutige Kurzgeschichte folgen, die einen Lobpreis der Sparsamkeit der Frau enthält (Mommsen, *Goethe*, S. 584–585).

*Bestimmungen rund um die Frau*

❁ Eine sich in Scheidung befindende Frau darf eine Monatsblutung nicht verheimlichen, da eine Scheidung in einem solchen Fall nicht ausgeführt werden kann. Es wird dann abgewartet, bis die Blutung vorbei ist und Gewissheit besteht, dass keine Schwangerschaft vorliegt.[2]

❁ Es ist für die Frau auch verwerflich, ihrem Mann gegenüber anzugeben, dass sie die Monatsblutung habe, um den ehelichen Verkehr zu umgehen oder zu behaupten, ihre Blutung sei vorüber, wenn dies nicht der Fall ist.[3]
Erklärung: Dies könnte die Wechselbeziehung zwischen Mann und Frau trüben.

❁ Um einer Ehe Rechtsgültigkeit zu verleihen, setzten manche Rechtsschulen das Einverständnis der Eltern oder Erziehungsberechtigten voraus. Wirbt ein geeigneter Kandidat um das volljährige Mädchen und es weigern sich die Eltern und die weiteren Bevollmächtigten, ihr Einverständnis zu geben, machen sie sich nach der Scharia schuldig, und die junge Frau kann und soll sich an die zuständige Behörde wenden, um dort zu einem Ehevertrag zu kommen.[4]

❁ Anders die Hanafi-Rechtsschule, ist eine erwachsene Frau ab Vernunftalter, (als Grenze wird die Vollendung des 17. Lebensjahrs angegeben) berechtigt, sich selbstständig zu verehelichen.[5]

Merke

Da die gesetzlichen Bestimmungen rund um die Ehe in der Scharia unterschiedliche Auslegungen erlauben und ziemlich facettenreich sind,

---

2 Sayyid Sabiq: *Fiqh as-Sunna*, S. 266.
3 Hadiya, S. 317.
4 Siehe Ibn Baz und Ibn Uthaimin, *Mawsu'at*, S. 344–346; Sayyed Sabiq, *Fiqh as-Sunna*; Ibn Taimiya, *Fatawi*; al-Kurdi, *Tanwir al-Qulub*, S. 342–344.
5 Siehe az-Zarka, *Fatawi*, S. 278; auch: Al-Kurdi, *Az-Zawadsch*, S. 69 sowie 148 ff.

empfiehlt es sich, bei speziellen Fragestellungen sich an eine dafür zuständige Stelle zu wenden.

*Eine Anekdote*

Ein Mann hatte eine hübsche Frau geheiratet und war von ihrer Schönheit begeistert. Er selbst war aber nicht von äußerlich schöner Gestalt. Als er eines Tages nach Hause kam und wieder seine Bewunderung ihr gegenüber zum Ausdruck brachte, sprach sie zu ihm: „Du und ich, wir kommen beide in das Reich Gottes." „Wie kommst du darauf?" wollte der Mann von ihr wissen. „Du hast mich und bist dafür Gott dankbar; ich habe dich und harre in Geduld."

*Bestimmungen um die Heirat*

Verboten ist es, folgende Frauen zu heiraten:

Die Mutter oder Großmutter väterlicher- und mütterlicherseits, die Tochter einschließlich Enkeltöchter von Sohn oder Tochter, die Schwester einschließlich Halb- und Stiefschwester, die Tante väterlicher- oder mütterlicherseits einschließlich Halb- und Stiefgeschwister, eine Nichte, eine Milchverwandte, die Schwiegermutter, Stief- und Schwiegertochter, zwei Schwestern gleichzeitig, eine verheiratete Frau, eine Götzendienerin, eine Prostituierte, d. h. eine Frau, die öffentlich Unzucht betreibt und damit Geld verdient, bis sie bereut und es sich erweist, dass sie nicht schwanger ist.

Erlaubt ist es,

Frauen der Leute der Schrift zu heiraten, ob Jüdinnen oder Christinnen. Eine muslimische Frau dagegen darf keinen Nichtmuslim heiraten.[6]

Warum ist es für eine muslimische Frau nicht erlaubt, einen Nichtmuslim zu heiraten?

Für dieses Verbot gibt es viele gute Gründe: Aus islamischer Sicht ist der Mann das Familienoberhaupt und der für die Familie Verantwortliche. Während der Islam der jüdischen oder christlichen Gattin eines Muslims durch seine Gesetze und Anweisungen Freiheit des Glaubens und der Religionsausübung garantiert, so dass ihre Rechte auf Glaubensfreiheit gewahrt sind, garantieren andere Religionen wie Juden- und Christentum, einer Ehefrau anderen Glaubens ihre Freiheit des Glaubens und der Religionsausübung nicht und schützen auch ihre Rechte nicht. Wie könnte der Islam in diesem Fall die Zukunft seiner Töchter der Ungewissheit überlassen und sie in die Hände von Leuten geben, die weder ihre Religion achten noch bemüht sind, ihre Rechte zu wahren? Der Muslim glaubt, dass Juden- und Christentum von göttlicher Offenbarung herrühren und Gott, der Erhabene, Moses und Jesus 🕮, die sich durch ihre Standhaftigkeit auszeichneten, zu Allahs, des Erhabenen, Gesandten gehören. Demnach lebt die jüdische oder christliche Ehefrau eines Muslims unter dem Schutz eines Mannes, der die Grundlage ihres Glaubens, ihre Heilige Schrift und ihre Propheten achtet, während im Gegensatz dazu der Jude oder Christ weder den göttlichen Ursprung des Islam anerkennt, noch seinen Propheten 🕮. Wie könnte eine muslimische Frau mit einem solchen Mann zusammenleben, wenn ihre Religion von ihr die Einhaltung bestimmter Formen des Gottesdienstes, Pflichten und auch mancher Verbote fordert? Es wäre der muslimischen Frau unmöglich, die Achtung für ihren Glauben und ihre Religionsausübung zu erhalten,

---

6 Ausführlich siehe u. a.: al-Qaradawi, *Erlaubtes und Verbotenes*, S. 153–161.

wenn sie in dieser Hinsicht bei jedem Schritt im Gegensatz zum Herrn des Hauses stünde![7]

### Ehe mit Milchbrüdern oder -schwestern

❀ Verboten ist es, eine Ehe mit Milchbrüdern oder -schwestern einzugehen, so auch gleichzeitig zwei verbotene Frauen zu verehelichen, z. B. zwei Schwestern oder gleichzeitig mehr als vier Frauen.[8]

Milchbrüdern und Schwestern gelten wie leibliche Geschwister, Ehe mit denen ist daher verboten.

Das Verbot der Verehelichung mit zwei Schwestern geht auf den Hadith zurück: „Wenn ihr das tut, zertrennt ihr die Verwandschaftsbande."[9]

### Gleichstellung zwischen Ehefrauen

❀ Ein Mann, der mit mehr als einer Frau verheiratet ist, ist verpflichtet, alle Frauen gleich zu behandeln. Bestehen Zweifel, dass er dies nicht kann, dann verbietet sich für ihn mehr als eine Ehe. Gerecht zu sein schließt alle materiellen Erfordernisse wie Kleidung, Ernährung, Wohnen, Benehmen etc., nicht aber die inneren Emotionen mit ein, da diese nicht im eigenen Machtbereich liegen.
Bemerkung: Bekanntlich ist die Mehrehe nach europäischer Rechtsprechung nicht erlaubt.

❀ Hat ein Mann seine eheliche Pflicht nicht erfüllt, ist die Frau berechtigt, die Ehe zu annullieren. Aus religiöser Sicht darf er sie nicht für länger als vier Monate der ehelichen Beziehungslosigkeit aussetzen, es sei denn, sie ist damit einverstanden.

---

7 Ebd., S. 159–160.
8 Hadiya; und andere.
9 Ibn Habban; s. al-Qaradawi: *Erlaubtes und Verbotenes*, S. 156.

❋ Andererseits ist es dem Ehemann verboten, seine Frau zum Beischlaf zu nötigen, wenn er weiß, dass sie krank oder schwach ist und körperlich nicht dazu in der Lage ist.

*Lauter Verrücktheiten*

Eine Palästinenserin schickte folgenden Kommentar an eine arabische Zeitung:[10]

Die Frau wurde nicht aus einem Teil des Kopfes eines Mannes erschaffen, warum? Damit sie sich nicht höherwertig fühlt, und nicht aus einem Teil seines Beines, damit er sie nicht entwürdigend behandelt, sondern aus seiner Rippe, damit sie unter seinen Flügeln bleibt und er sie schützt, und unweit seines Herzens, damit er sie liebt und sie ihn.

Habt aber Acht!

Schweifen die Gedanken der Frau in Richtung Böses, schlagen alle Tricks fehl, dies abzuwenden. Sind die Herzen der Männer vom Kummer schwer, klaren die Wolken mit dem Erscheinen der Frau auf.

Und wenn die Frau liebt, ist sie bereit, sich zu opfern, ihres Herzens wegen.

Und wenn die schöne Frau z. B. wie eine Perle ist, gleicht die Ehrwürdige einem Schatz.

Und wäre die Frau ein Fehler der Natur, so glaubt es mir, sie wäre der schönste Fehler überhaupt.

Wer behauptet, dass die Frau viel redet? Vierzig Jahre hält ihre Liebe an, ihr Hass und ihre Abscheu nicht einmal eine volle Stunde.

Sie kann ihr Geheimnis besser verstecken als das der anderen, deshalb sind die dümmsten Frauen die, die glauben, dass Liebe in eine schuldlose Freundschaft übergehen kann.

---

10  Lina Mascha'al as-Salim in: *Asch-Scharq Al-Awsat*, 06. Januar 2006, Nr. 9901.

Der heimtückischste Dieb unter dem Sternenhimmel ist wiederum die Schönheit, verborgen in den Augen der Frauen, sie ist am gefährlichsten.

Und alle Verrücktheiten und Genialitäten der Männer sind nicht mal mit einem der Gefühle und mit der Wärme der Frau wie auch ihrer Verrücktheit in der Liebe zu vergleichen.

Glaubt mir, will der Mann dem Herzen der Frau widerstehen, ist es so, als ob ihm vorgeschrieben würde, das Wasser der Meere zu trinken. Denn die Tränen der Frau sind wie eine Flut, darin ertrinken die tüchtigsten Schwimmer. Ihre Tränen sind stärker als sämtliche Gesetze.

Die gute Frau erkennt man an dem, was sie tut, den guten Mann an dem, was er nicht tut.

Sie ist ein großartiges Geschöpf, wenn sie richtig eingeschätzt wird.

Sicherlich, die Frau ist wie das Meer, folgsam für den, der sie bezwingen kann, widerspenstig für den, der sie fürchtet (oh weh!).

# 11 Richtlinien der Bekleidung

Die Nahrungsaufnahme dient dazu, um Hunger und Durst zu stillen, die Kleidung, um Kälte und Hitze abzuwenden; beide sind eine persönliche religiöse Pflicht (*fardh*).

Kleider erfüllen aber auch eine weitere Funktion, je nach Kultur und Region, verschiedene Körperteile zu bedecken. Und ebenso unterschiedlich sind die Stoffe und Kleidungsstücke, die man dazu verwendet. Sich zu kleiden ist eine ausschließlich menschliche Eigenheit.

DER KORAN: ❨Ihr Kinder Adams, Wir haben euch mit Kleidung ausgestattet, um eure Blöße zu bedecken und zum Schmucke ...

Ihr Kinder Adams, der Satan soll euch nicht verführen, wie er eure Eltern aus dem Paradies vertrieb, ihnen ihre Kleidung raubend, um ihnen ihre Blöße vor Augen zu führen.❩[1]

*Das Achten auf die äußere Erscheinung*

DER KORAN: ❨O Kinder Adams, legt eure schöne Kleidung an bei jeder Gebetsstätte und esst und trinkt, doch übertreibt nicht ...❩[2]

❋ *Es gibt keine „islamische" Kleidung.* Man kann sich der Mode des Landes, in dem man sich befindet, anpassen, solange die Kleidung züchtig ist und die Geschlechtsteile nicht zeigt oder betont.

❋ Manche Gelehrte erachten es als erwünscht, Weiß oder Schwarz als Kleidungsfarbe zu wählen. Letztere war Symbol der Abbassiden, der Sippe des Gesandten ﷺ und wurde zur Tradition, weil der

---

1 Sure 7:26, Übers. Ahmed v. Denffer, in: al-Qaradawi, *Erlaubtes und Verbotenes*, S. 75.
2 Sure 7:30.

Gesandte 🕌 an Feiertagen und als er nach Mekka zurückkehrte, einen schwarzen Turban anlegte. Man erkennt dies an der Garderobe der Gelehrten islamischer Länder.

❋ Es bestehen allerdings keinerlei Einwände gegen andere Farben. Man sollte auf ein gepflegtes und ansprechendes Äußeres achten.[3]

❋ Man soll sich ebenbürtig kleiden wie die Menschen von gleichem sozialem Rang, weder höher- noch minderwertig. Dies nicht zu befolgen, bedeutet eine Übertretung und kann andere zu übler Nachrede verleiten (*ghiba*).[4]

❋ Der Gesandte Gottes 🕌 riet von zweierlei Übertreibungen bei der Kleidung ab: sehr teure und extrem billige Kleidung. Hier Augenmaß zu bewahren verhindert Kritik und üble Nachrede durch die Allgemeinheit oder Tadel durch Gelehrte. Der Gelehrte as-Sarakhsi riet dazu, sich meist einfach anzuziehen, manchmal aber höherwertig, um den Wohlstand, den Gott, der Erhabene, einem schenkte, zu zeigen. Ständig teure Kleidung zur Schau zu stellen, ist unerwünscht und kann Arme demütigen. Ebenso wer im Winter zwei oder drei Umhänge trägt, wenn auch einer ausreichen würde, kann hierdurch die Gefühle der Armen verletzen.

❋ Keine Einwände gegen das Tragen teurer Kleidung bestehen, wenn damit nicht bezweckt wird, Hochmut, Eitelkeit oder Überheblichkeit zu zeigen und wenn das Verhalten des Trägers vorher und nachher gleich bleibt. So erschien der Gesandte Gottes, des Erhabenen, eines Tages mit einem Gewand, das eintausend Dirham wert war, und manchmal kam er zum Gebet in Kleidung im Wert von sogar 4000 Dirham. Der bekannte Rechtsgelehrte Abu Hanifa pflegte Kleidung im Wert von 400 Dirham zu tragen. Gott, der Erhabene, gestattete sogar das Tragen von Schmuck.

❋ Der Kleidungsstil von lasterhaften Personen ist nicht nachahmenswert, es sei denn, er entspricht dem Zeitgeist. Beim Ablegen ist die

---

3 Az-Zuhayli, *Akhlaq*, S. 221–222; 228.
4 Hadiya, S. 295–296; auch für die Ausführungen weiter unten.

Kleidung sorgfältig zusammenzulegen (und man spricht eine *Basmala* und bedankt sich bei Gott, dem Erhabenen, dafür).[5]

❀ Frauen ist es nicht gestattet, sämtliche ihrer Kleider schwarz zu färben und Monate lang zu tragen, wenn ein Verwandter oder der Gatte verstorben ist. Selbst beim Tod des Gatten sind nur drei Tage gestattet, andernfalls macht sie sich einer Übertretung schuldig.[6]

❀ Als allgemein akzeptierte Regel gilt: Je züchtiger eine Frau ist, desto mehr bedeckt sie ihren Körper, desto mehr schützt sie sich vor neugierigen Blicken und desto mehr meidet sie auffälliges Benehmen jeglicher Art. Je mehr Teile ihres Körpers eine Frau frei legt und je auffälliger sie sich benimmt, als desto weniger vornehm und züchtig gilt sie.

❀ *Das Kopftuch*: Die Bedeckung des Kopfes ist für die Frau eine persönliche Pflicht. Für den Mann sind sämtliche Körperteile zwischen Nabel und Knien zu bedecken.

*Auch eine Hand kann verführen*

Der berühmte Erzähler und Sänger Ibrahim al-Mahdi fand sich beim Abbassiden-Kalifen der al-Ma'mun (gest. 833) ein und erzählte ihm folgende Geschichte: „Euer Gnaden, eines Tages spazierte ich durch die engen Gassen Bagdads, bis ich an ein Haus mit Fenstern und hohen Mauern kam, dem wunderbare Düfte aus den Kochtöpfen entstiegen. Ich fragte einen der Geschäftsleute, einen Schneider von nebenan, wem dieses Haus gehöre. Doch im selben Moment blickte ich zum Fenster empor und bekam einen Arm und eine Hand von solcher Schönheit zu sehen, wie ich es nie zuvor erlebt hatte. Ich blieb stehen und war dermaßen bezaubert, dass ich die Gerüche ganz vergaß. Nun war ich wie

---

5  Hadiya, S. 296.
6  Ebd.

getrieben von dem Gedanken, wie ich in dieses Haus gelangen könnte. Deshalb fragte ich den Schneider noch weiter aus über den Hausherrn und bekam zu wissen, dass dieser einer wäre, der gerne tränke, und dass er heute Besuch von Freunden seines Standes bekäme. Da kamen zwei angeritten, ich ging auf sie zu und fragte, warum sie sich denn verspätet hätten, der Herr wartete schon auf sie. Sie ritten ein, ich war zunächst in der Mitte, dann ließen sie mich vor. Der Hausherr dachte, ich gehörte zu seinem Besuch, die beiden Gäste waren hingegen der Meinung, ich wäre ein Bekannter des Hausherren. Dann wurde das Essen serviert, und es schmeckte noch weit besser als es auf der Straße gerochen hatte. So köstlich das Essen auch war, ich musste doch immerzu an den Arm, an die zauberhafte Hand, denken. Die Unterhaltung entspann sich, der Gastgeber war sehr freundlich zu mir. Es war eine durchaus gepflegte Gesellschaft, wie ich sie kaum jemals zuvor erlebt hatte. Nachdem wir gegessen und etwas getrunken hatten, kam ein Mädchen herein, das sich so geschmeidig bewegte, als wäre es der biegsame Zweig eines jungen Strauches. Sie grüßte, nahm Platz und hob eine Zithermandoline auf ihren Schoß. Ich merkte sofort, wie gewandt sie war. Dann begann sie zu singen, wir hörten zu und tranken, bis ich mich an einer Stelle nicht mehr zurückhalten konnte und meinte: „Da fehlt noch etwas.",[7] worauf sie die Zithermandoline auf den Boden warf und erzürnt sagte: „Seit wann gesellen sich die Langweiligsten zu euch?" Da nahm ich die Zithermandoline und fing an zu singen, bis die Leute entzückt waren. Und sie tranken immer mehr, bis die beiden Gäste angetrunken waren, während der Hausherr, der mehr vertrug, noch klar war. Er ließ die beiden heimbringen und blieb mit mir alleine zurück. Nun wollte er wissen, wer ich wäre und ich verriet es ihm. Als er erfuhr, dass ich der persönliche Unterhalter[8] des Kalifen wäre, küsste er mich auf den Kopf und fragte mich, was mich in sein Haus führte, und ich erzählte es ihm. Er ließ darauf ein Mädchen kommen und danach die Mädchen des ganzen Hauses, eines nach dem anderen, und jedes Mal sagte ich: „Dies ist nicht

---

7　Anm.: Die Präsentation schien ihm nicht perfekt genug zu sein.
8　Gemeint ist der Hofunterhalter früherer Zeiten.

die Hand, die ich gesehen hatte!" Dann meinte er: „Ich habe dir alle Mädchen des Hauses gezeigt, es bleiben nur meine Mutter und meine Tochter, ich lasse sie auch kommen", und ich wunderte mich über sein Entgegenkommen und seine Großmütigkeit und meinte: „Um Gottes Willen, beginne mit deiner Tochter, vielleicht ist sie es." Und es war seine Tochter. Dann ließ er zehn vornehme Zeugen aus seiner Nachbarschaft holen, vermählte mich mit ihr, beschenkte uns und ließ uns in eines seiner Häuser einziehen.[9]

---

9 Al-Masʿudi, *Murudsch ad-Dahab*, Bd. 4, S. 10–14 (gekürzt).

# 12 Wie man mit Kindern umgeht

*Die Erziehung der Kleinen*

Sokrates wurde einmal gefragt: „Wann beginnt die Erziehung der Kinder?" Er antwortete: „Einhundert Jahre vor deren Geburt, mit der Erziehung der Eltern und Vorfahren."

HADITH: „Gebt Acht bei der Wahl eures Partners, wo ihr eure Tropfen setzt: Die Erbeigenschaften schlagen nämlich durch."[1]

DER GESANDTE GOTTES, DES ERHABENEN, verweist auf die Weitergabe der Erbmerkmale von Generation zu Generation, weswegen es ratsam sei, bei der Wahl des Partners auf diesen Umstand zu achten. Er empfiehlt, religiöse Partner zu bevorzugen: „Nehmt die [Frau, Anm. d. Autors], die religiös ist und gedeiht."[2]

HADITH: „Jedes Kind ist in ursprünglicher Reinheit geboren, es sind die Eltern, die es zu einem Juden, einem Christen oder einem Götzenanbeter machen."[3]

---

1 Al-Bukhari und Ibn Madscha; siehe Farrukh, *Kinderbetreuung*, S. 68.
2 Al-Bukhari; aus Al-Qaradawi: *Erlaubtes und Verbotenes*, S. 158.
3 Muslim und al-Bukhari, in ebd., S. 70. Eigentl. *Madschus* = Feueranbeter. Siehe Ibn Mazur, *Lisan*, Bd. 3, S. 442. Siehe auch Koran 22:17; Madschus wird von Paret als „Zoroastrier" übersetzt; lt. Max Henning „die Magier"; lt. Ahmad von Denffer die „Madschus"; so auch bei ʿAmir M. A. Zaidan, *At-Tafsir*, die „Madschus", in der Anm. die „Feueranbeter". Lt. al-Qaradawi in *Erlaubtes und Verbotenes* sollen die Zoroastrier oder Parsen nach einer Hadith-Tradition von Malik und Schafiʿi wie die Leute der Schrift behandelt werden (S. 60). Hier wurde die Auslegung Muhammad Asads gewählt: *Islam am Scheideweg*, Edition Bukhara 2007, S. 76.

*Liebe und Herzlichkeit im Umgang mit Kindern*

❊ Anas erzählte: „Der Prophet ﷺ nahm Ibrahim (seinen Sohn) auf den Arm. Er küsste und liebkoste ihn."[4]

❊ Ibn Abi Nu'm berichtet: „Ich war bei Ibn 'Umar, als ein Mann fragte, ob man Moskitos erschlagen dürfe. Ibn 'Umar fragte ihn: "Woher kommst du?" – „Ich bin aus dem Irak!" Da rief Ibn Umar aus: „Seht euch diesen Mann an! Er fragt mich, ob er Moskitos erschlagen dürfe, und dabei haben seine Leute den Sohn des Propheten ﷺ getötet! Ich hörte, wie der Prophet ﷺ sagte: „Diese beiden sind meine duftenden Blumen in dieser Welt."

❊ Abu Qatada berichtet: Der Prophet ﷺ kam zu uns in die Moschee, und Umama, die Tochter von Abu al-'As, hing ihm um den Hals. Der Prophet ﷺ betete mit ihr. Wenn er ﷺ sich verbeugte, legte er ﷺ sie beiseite, und wenn er ﷺ sich aufrichtete, nahm er ﷺ sie wieder auf.[5]

❊ Abu Huraira berichtet: Der Gesandte Gottes, des Erhabenen, küsste al-Hassan ibn 'Ali, als al-Aqra' ibn Habis at-Tamimi bei ihm war. Al-Aqra' sagte: „Ich habe zehn Kinder, aber niemals habe ich eines von ihnen geküsst!" Der Gesandte Gottes, des Erhabenen, schaute ihn an und sagte: „Wer anderen gegenüber nicht liebevoll und wohlwollend ist, dem wird auch keine Liebe und kein Wohlwollen entgegengebracht!"[6]

❊ 'Usama Ibn Zaid berichtet: Der Gesandte Gottes, des Erhabenen, nahm mich hoch und setzte mich auf seinen einen Oberschenkel, und al-Hassan ibn 'Ali nahm er ﷺ auf seinen anderen Schenkel. Er ﷺ umarmte uns und sagte: „O Gott, nimm dich dieser beiden an, wie ich mich ihrer annehme!"[7]

---

4 Al-Bukhari, *Nachrichten*, 36: 6, S. 426.
5 Ebd., S. 426.
6 Ebd., S. 427.
7 Ebd.

Hadith: Sahl ibn Saʿad berichtet: Der Prophet ﷺ sagte: „Ich und der, der sich eines Waisenkinds annimmt, werden im Paradies so zueinander stehen!" Bei diesen Worten deutete er ﷺ auf seinen Zeige- und Mittelfinger.[8]

❀ Die Weisen sagten: „Wer seinen Nachwuchs im Kindesalter erzieht, den freut es, wenn sie älter sind."[9]

❀ Und sie sagten: „Forme den Schlamm, wenn er noch weich ist, und biege den Ast, so lange er noch jung ist."

❀ Und sie meinten: „Wer sein Kind in Aufrichtigkeit erzieht, ärgert seine Neider."

❀ Ibn ʿAbbas sagte: „Wer in seinen Kinderjahren nicht dort sitzt, wo er nicht möchte, der sitzt im Alter nicht dort, wo er möchte."

❀ Und sie sagten: „Erheblich erschwerend ist es, ein älteres Kind abzustillen, sehr mühsam ist die sportliche Betätigung für einen Alten."

❀ Amr Ibn ʿUtba sagte zum Erzieher seines Sohnes: „Lass die ersten Ratschläge zur Besserung an meinen Sohn die sein, dass du dich selbst besserst, denn der Kinder Blicke sind an deine gebunden, und das Gute in ihren Augen ist das, was du tust, das Schlechte, was du meidest. Bringe ihnen das Buch Gottes bei, zwinge sie aber nicht dazu, so dass sie keine Abneigung dagegen entwickeln, vernachlässige es aber nicht, so dass sie es nicht vergessen. Bringe von den Hadith-Traditionen die edelsten, von der Poesie das Keuscheste (Züchtigste), und wechsle nicht von einem Wissen ins andere, ehe sie es richtig aufgenommen haben, denn der Stau an Wissen beeinträchtigt den Verstand. Bringe ihnen die Weisheiten der Gelehrten bei, lasse sie die Gespräche der Frauen meiden, und schiebe nicht die Schuld auf mich, denn du hast reichlich Beistand bei mir gefunden."

---

8  Ebd., S. 428.
9  Die folgenden Berichte aus Ibn ʿAbd Rabbih, *Al-ʿIqd*, Bd. 3, S. 435–437.

## Über die Liebe zu den Kindern

❊ Der erste 'Umayyaden-Kalif Mu'awiya (661–680) sandte nach Al-Ahnaf Ibn Qais, den er fragte: „Wie schätzt du die Kinder ein?" Er antwortete: „O Herrscher über die Gläubigen: Sie sind die Frucht unserer Herzen und ein Rückgrat für uns. Für sie sind wir wie der unwichtige Boden, auf den sie treten, und wie der Himmel, der sie überdeckt. Wenn sie um etwas bitten, gib es ihnen, und wenn sie aufgebracht sind, kühle sie ab, sie werden dies mit mehr Zuwendung erwidern und jeweils ihr Bestes zurückgeben. Überfordere sie nicht, damit sie des Zusammenlebens mit euch (den Eltern) nicht satt werden und euer Ableben herbeisehnen."

## Wichtige Aspekte der Kindererziehung

Hadith-Traditionen[10]

❊ Die richtige Partnerwahl treffen: Einen Partner wählen, der enthaltsam, aufrichtig und gläubig ist;

❊ ein Kind bereits in seinen frühen Jahren in die richtigen Bahnen leiten;

❊ Eltern und Erzieher sollen ihre Stellung als Vorbild bewusst wahrnehmen;

❊ Selbstbewusstsein und Verantwortungsgefühl früh fördern;

❊ Beaufsichtigung und Leitung dürfen dabei nicht vernachlässigt werden;

❊ auf gute Gesellschaft und ein stabiles Umfeld achten;

❊ Gerechtigkeit üben: Die Tradition untersagt es, Knaben gegenüber Mädchen zu bevorzugen;

---

10 Farroukh, *Kindererziehung* [arab. Titel]; Istambuli, *Wege*; Az-Zuhayli, *Akhlaq*, S. 74.

❋ den Kindern eine gute Ausbildung und Erziehung geben und sie lehren, Gut von Böse zu unterscheiden, Sprachen beibringen usw.;

❋ ca. nach dem zehnten Lebensjahr die Kinder nach Geschlechtern in getrennten Schlafzimmern aufziehen.

# 13 Allgemeine Regeln

❋ Die Nägel sind zu schneiden, wenn sie lang sind und dies bevorzugt am Freitag; sind sie aber bereits zu lang, soll nicht abgewartet werden.[1]

❋ Erwünscht ist es ferner, sich mindestens einmal wöchentlich in *fließendem Wasser* zu baden und die Achselhaare zu entfernen. Die Zeitspanne darf auf zwei Wochen verlängert werden; besonders unerwünscht ist es, die Zeitspanne auf mehr als vierzig Tage auszuweiten.

❋ Eine Stunde nach Wissen zu streben, wiegt mehr als eine ganze Nacht lang Gebete zu verrichten. Es wird höher als alle Wohltaten bewertet, vorausgesetzt, die Absicht ist wohl gemeint, nämlich Gott, dem Erhabenen, zu dienen, und dies nicht um des Ruhmes Willen zu tun.

❋ In Abwesenheit anderer ihre Fehler zu erwähnen, ist verboten, gleichgültig, ob es sich dabei um Muslime oder Nichtmuslime handelt. Das Wort *ghiba* (Verleumdung) bedeutet, in Abwesenheit anderer deren Fehler zu erörtern, wenn sie nicht ihr Einverständnis erklärt haben, selbst wenn diese Fehler tatsächlich vorliegen. Noch schlimmer ist es, anderen etwas Unrichtiges vorzuwerfen. Es reicht schon, wenn dies durch einen Wink oder ein Zeichen erfolgt. Das Gleiche gilt auch für das Nachahmen der Bewegungen eines anderen. Erlaubt ist es hingegen, wenn es als Warnung vor öffentlichen Frevlern gilt.

❋ Die Fehltaten von Frevlern aufzuzeigen, so dass andere gewarnt werden, wird dagegen belohnt und stellt keine Sünde dar. So auch, wenn dies im Interesse der Allgemeinheit und wohlmeinend erfolgt, dann ist es keine Sünde, da dies nicht in böser Absicht geschieht. Negative Eigenschaften einer Ortschaft oder Stadt anzuführen, ist

---

1 Ausführungen hier aus: Hadiya, S. 255–258.

nicht untersagt, weil nicht alle Bewohner gemeint sind, sondern einzelne, die in einer solchen Verallgemeinerung aber unbekannt bleiben. So etwa kann ein Reisender gewarnt werden oder jemand, der sich verehelichen will, oder einer, der dort etwas deponieren oder einen Handel abschließen will. In diesen Fällen ist dies als Ratschlag zu werten, und die Absicht dahinter ist nicht verwerflich.

✸ Mitunter kann das Aufzeigen von Fehlern eine Pflicht darstellen, beispielsweise jenen gegenüber, die mangelhafte Ware kaufen, bei Zeugenaussagen, jemandem gegenüber, der einen überführten Dieb einstellen möchte. Auch wenn ein Verkäufer falsche Geldscheine herausgeben will, gilt es als Pflicht, den Kunden zu warnen.

✸ Erfährt der Angegriffene die Kritik nicht, genügt es, wenn der Kritiker Reue zeigt und Gott, den Erhabenen, für sich selbst und den Kritisierten um Vergebung bittet. Andernfalls hat er dem Angegriffenen alles, was er über ihn berichtet hat, aufzulisten, sich bei ihm zu entschuldigen und ihn um Vergebung zu bitten. Weiß er aber, dass dies beim Betroffenen größeres Unheil anrichtet als Schweigen, genügt es, wenn er bereut und Gott, den Erhabenen, um Vergebung bittet.

✸ Ein Zuhörender macht sich übrigens auch schuldig, es sei denn, er widerspricht den Vorwürfen, wenn er dies kann: Unterlässt er dies aus Angst, genügt es, wenn er innerlich seine Abneigung gegen derartige Praktiken bekundet.

✸ Nach der Tradition heißt es sogar, dass der Zuhörende selbst Täter ist, und Gott, der Erhabene, jene, die Vorwürfen gegenüber anderen entgegentreten, im Jenseits dafür belohnen wird.

# 14 Vom Umgang mit Kranken

*Krankenbesuche*

⚜ Sufyan ath-Thauri: Lästige Besucher sind schlimmer für den Kranken als die Krankheit selbst, *sie kommen zu unerwünschten Zeiten* und *bleiben lange sitzen.*

⚜ Ein Mann besuchte ʿUmar Ibn ʿAbdulaziz ﷺ (siebenter ʿUmayyaden-Kalif, reg. 717–720), als er krank war, und erkundigte sich nach seinem Leiden. Als ʿUmar ihm davon erzählte, bemerkte der Besucher: „An diesem Leiden starben Herr X sowie Herr Y". Darauf Umar: „Wenn du Kranke besuchst, *erzähle nicht über Verstorbene,* und jetzt verlasse uns und kehre nicht zurück."

⚜ Wenn Ibn ʿAbbas einen Sterbenden besuchte, pflegte er *über Gutes zu sprechen,* sodass der Kranke mit frohem Sinn seinem Herren begegnen konnte, und er brachte ihm *das Zeugnis* (asch-schahada) bei, *ohne ihn zu belästigen.*

⚜ Als al-ʿAmasch erkrankte, *langweilten ihn manche Besucher mit ihren Fragen.* Er listete sodann seine Beschwerden auf, schrieb sie auf einem Blatt nieder und legte sie auf sein Kopfpolster. Wenn ihn jemand nach seinen Beschwerden fragte, legte er ihm die Schrift vor und ließ sie ihn lesen.

# 15 Das Thema Sterben

*Teilnahme am Beerdigungszeremoniell*

❋ Wer am Beerdigungszeremoniell eines Muslims teilnimmt – erfüllt von seinem Glauben und der Hoffnung auf Gottes, des Erhabenen, Lohn im Jenseits – und beim Begräbnis bleibt, bis das Gebet verrichtet und der Verstorbene beerdigt ist, der wird mit zwei Qirat (Maßeinheit) belohnt. Ein Qirat entspricht der Größe des (Berges) Uhud. Wer nur am Gebet teilnimmt und sich entfernt, bevor der Tote beerdigt ist, wird eine Qirat als Lohn erhalten ...[1]

❋ Der Muslim hat fünf Pflichten gegenüber seinem Glaubensbruder: Er ist verpflichtet, den Gruß zu erwidern, den Kranken zu besuchen, am Begräbniszeremoniell teilzunehmen, einer Einladung nachzukommen und dem Niesenden Gottes, des Erhabenen, Erbarmen zu wünschen.[2]

*Respektsbekundung vor Trauerzügen*

❋ Zieht ein Trauerzug an einem vorbei, ist es erwünscht, Respekt zu zeigen und aufzustehen, auch wenn der Verstorbene kein Muslim ist.[3] So stand der Prophet 鑾 selbst für den Trauerzug eines Juden auf.

---

1 Al-Bukhari, *Nachrichten*, S. 42.
2 Ebd., S. 172.
3 Siehe u. a. al-Bukhari, *Mukhtasar Sahih al-Bukhari*, Hadith 667.

*Spenden des Sterbenden*

❀ Ein Sterbender fragte den Gesandten Gottes ﷺ, ob er zwei Drittel
seines Vermögens spenden dürfte, da er vermögend wäre und nur
eine Tochter hätte. Der Gesandte Gottes ﷺ antwortete mit „Nein!", –
„Dann die Hälfte, o Gesandter Gottes?" Der Gesandte Gottes ﷺ
antwortete wieder mit „Nein!", – „Dann ein Drittel?", – „ Ein Drittel
ja, (obwohl) ein Drittel noch viel ist. Die hinterlassenen Erben zu
versorgen ist besser, als sie bedürftig zurückzulassen, so dass sie die
Hilfe anderer in Anspruch nehmen müssen."[4]

*Wehklagen nach dem Tod*

Lautes Wehklagen nach eingetretenem Tod sollte unterbleiben. Keine
Einwände dagegen bestehen gegen „normales" Weinen.[5]

❀ Erwünscht ist es, Sterbenden die Bezeugung (*schahada*) am Sterbebett
beizubringen: „*Aschhadu an la ilaha illa Llah wa aschhadu anna
Muhammadan ʿabduhu wa rasuluhu*"[6] (Ich bezeuge, dass es nur einen
Gott gibt und Mohammed sein Diener und Gesandter ist).

---

4  Az-Zuhayli, *Akhlaq*, S. 268.
5  Ebd., S. 269 ff. Darüber besteht im übrigen Übereinstimmung bei allen (sunniti-
schen) Gelehrten.
6  Wortlaut aus: *Führer für Muslime zu Glauben und Reinheit*, Makka
al-Mukkaramah: Bund der islamischen Welt 1983, S. 62.

# 16 Sind etwa diejenigen, die wissen, und diejenigen, die nicht wissen, gleich?

*Interpretation des Korans*

❋ Nicht gestattet ist es, Koransuren und -verse nach eigenem Gutdünken auszulegen. Es wird verlangt, dass der Interpret über ausreichend Wissen über die Sprache des Korans (arabisch), deren Geheimnisse und Facetten verfügt, sowie auch über die Umstände, unter denen die Verse offenbart wurden und alles, was dazu gehört wie die Aussagen des Propheten ﷺ (Hadithe) und seiner Gefährten, die diese miterlebten.

*Wissen*

❋ Wissen im Allgemeinen bedeutet religiöses Wissen. Im Koran heißt es: ❨Sag: Sind etwa diejenigen, die wissen und diejenigen, die nicht wissen, gleich?❩[1]

DER KORAN: ❨Gott erhebt um Stufen diejenigen, die geglaubt und das Wissen vermittelt bekommen haben.❩[2]

DER KORAN: ❨Wahrlich sind es die Wissenden, die Gott fürchten.❩[3]

DER KORAN: ❨Gott, lass mich zunehmen an Wissen.❩[4]

---

1 Sure 39:9. Übers.: König-Fahd-Komplex.
2 Sure 58:11.
3 Sure 35:28.
4 Sure 20:114.

HADITH: Abu Huraira ﷺ erzählte: „Die bei Gott wertvollste Armenga-
be ist es, dass ein Mensch etwas lernt, um es seinem muslimischen
Bruder beizubringen."[5]

ABU DHARR: „O Abu Dharr, ziehst du aus, um jemandem einen Vers aus
dem Buch Gottes beizubringen, ist das besser für dich, als hundert
Gebete zu verrichten. Und ziehst du aus, um jemandem Wissen
beizubringen, egal, ob es dann befolgt wird oder nicht, ist es besser
für dich als tausend Gebete zu verrichten."[6]

Der Hadith wurde zwar bei Ibn 'Abidin angeführt, gilt aber als *dhaif*
(schwach). Dennoch, es betont und entspricht dem allgemeinen Trend
im Islam, das Streben nach Wissen zu fördern.

❊ Und die Rechte der Lehrer sind denen der Eltern und aller anderen
Muslime vorzuziehen. Man soll die Lehrer ehren und aus Respekt
nicht an deren Tür klopfen, sondern warten, bis sie herauskommen.[7]

❊ Wissen bringt man jenen bei, die es verdienen; man darf es ihnen nicht
vorenthalten.

❊ Ibn 'Abbas ﷺ sagte: „Seid verständige, nachsichtige und wohlunter-
richtete Lehrer und Gelehrte!" Man sagt: „Ein solcher Lehrer ist der,
der den Menschen zunächst das einfache Wissen vermittelt, bevor er
zu schwerer Materie übergeht."[8]

*Wissen gleichermaßen für Frauen*

HADITH: Die Frauen sagten zum Propheten ﷺ: „O Gesandter Gottes,
die Männer nehmen dich immer so in Anspruch, dass du für
uns keine Zeit mehr hast! Bestimme doch einen Termin, um uns
zu unterweisen!" Der Prophet ﷺ versprach ihnen, sich mit ihnen
zusammenzusetzen und ihnen Unterricht zu geben.[9]

---

5   Ibn Madscha, siehe Hadiya, S. 298.
6   Ebd., S. 298.
7   Ebd., S. 298.
8   Al-Bukhari, *Nachrichten*, S. 50.
9   Ebd., S. 55.

❀ Mudschahid sagte: „Der Schüchterne und der Hochmütige werden kein Wissen erwerben können." Und ʿAischa sagte: „Wie wunderbar sind doch die Frauen der Ansar![10] Keine falsche Scham hält sie davon ab, die Religion eingehend zu studieren!"[11]

*Weitere Bestimmungen rund ums Wissen*

HADITH: Anlässlich einer solchen Zusammenkunft sagte er 鑾: „Wenn einer Frau drei ihrer Kinder gestorben sind, so werden sie ihr ein Schutz vor dem Höllenfeuer sein!" Eine Frau fragte: „Gilt das auch, wenn zwei Kinder gestorben sind?" – „Ja, auch bei zwei Kindern!"[12]

❀ Jeder soll sich ausreichend astronomisches Wissen aneignen, um die Himmelsrichtungen für die Gebete nach Mekka, die Gebetszeiten und die Wege zu See und auf dem Lande zu erkennen.

❀ Es ist nicht gestattet, müßig über das Wesen (Eigenschaften) Gottes (*dhat Allah*) zu diskutieren, dies besonders dann, wenn bezweckt wird, zu zeigen, dass der Diskutant im Irrtum ist. Der Rechtsgelehrte Abu Yussuf 鑾 erzählte, dass er eines Tages den Hof des Kalifen Harun ar-Rashid betrat (fünfter Kalif der ʿAbbassiden-Dynastie, 787–809), wo er zwei Gelehrte vorfand, die in eine Diskussion über das Wesen Gottes vertieft waren. Der Kalif forderte ihn auf, zwischen den beiden zu richten, Abu Yussuf wandte das Unglück aber ab, indem er sagte: „Ich mische mich nicht in unnütze Angelegenheiten ein," worauf der Kalif antwortete „Recht hast du", ihm 100 000 Dinar schenkte und folgende Eintragung ins Protokollbuch veranlasste: *Abu Yussuf erhielt 100 000 Dinar, weil er etwas unterließ, was ihn nichts anging.*[13]

❀ Der Gelehrte Abu Hanifa meinte, sich in polemische Gespräche zu verwickeln, sei nicht erwünscht, es sei denn, es diene dazu, eine

---

10   Die Ansar sind die Bewohner Medinas, die den Propheten 鑾 unterstützten.
11   Ebd., S. 58.
12   Ebd., S. 55.
13   Hadiya, S. 299.

Unklarheit zu beseitigen. Ähnlich verhalte es sich mit einem, der es vermeide, sich in einen See zu stürzen, wenn er aber hinein stürze, sei es unsere Aufgabe, ihn herauszuholen.

❀ Zum Erwerb von Wissen gehört es auch, Bescheidenheit zu bewahren.

Zusammenfassung: An Diskussionen und Polemiken teilzunehmen, die nur zu Unheil und Chaos führen, oder wenn der Diskutant über wenig Wissen verfügt und versucht, sich überlegen zu zeigen und keine konstruktive Diskussion anstrebt, ist nicht erwünscht. Ist aber der Zweck der Diskussion Wahrheitsfindung und Konstruktivität, dann ist eine Teilnahme erwünscht.

❀ Es gehört zu den wichtigsten Dingen, die Fiqh-Regelungen zu lernen. Sie enthalten die religiösen Verhaltensregeln, nach denen man sich richten sollte. Hat man sich ausreichend Wissen angeeignet, soll man sich mit Enthaltsamkeit beschäftigen, den Aussagen der Weisen, dem Werdegang der Frommen, der Lehre von Aufrichtigkeit sowie mit Krankheiten der Seele, und schließlich mit dem Wissen, was der Herr seinen Dienern beauftragt hat zu glauben, zu tun oder zu meiden. Eine umfassende Schrift, die dies dargelegt hat, ist das Buch *Ihya' 'Ulum ad-Din* (Die Wiederbelebung der Religionswissenschaften).[14]

*Zurückhalten von Wissen*

Ein zu verurteilendes, verwerfliches Verhalten ist das Zurückhalten religiösen Wissens, obwohl eine Verpflichtung dazu besteht. Kommt jemand, um Wissen über den Islam zu erlangen und wird mit den Worten abgewiesen „Habe Geduld, warte ab, oder gehe zu einem anderen Gelehrten, der den Islam unterrichtet", meinen manche Gelehrte, dass der Abweisende sich dadurch schuldig mache. Wird dagegen der Abgewiesene an einen Gelehrten verwiesen, der dies besser vermitteln kann, so ist es kein Vergehen.

---

14  Hadiya, S. 300, siehe auch S. 323 (Zurückhalten von Wissen). Die *Ihya'* von al-Ghazali liegt auch auf Deutsch vor.

*Vom Wert des Wissens*

Die Menschen lassen sich, was Wissen und Gelehrte anbetrifft, in drei Gruppen einteilen:

Die eine Gruppe strebt nach Wissen und handelt danach, um es weiterzugeben. Diejenigen, welche danach streben, sind am nützlichsten. Sie sind wie fruchtbares Land, aus dem sie selbst und andere Nutzen ziehen.

Die zweite Gruppe sind die, die Wissen erwerben und weitergeben wollen. Sie handeln jedoch nicht danach und gleichen einem öden Land, das zwar Regenwasser sammelt, aber dadurch nicht urbar wird. Außer Trinkwasser ziehen die Menschen keinen weiteren Nutzen daraus.

Und die dritte Gruppe sind die, die vom Wissenserwerb gar nichts hören wollen. Sie hören nicht hin, weder um daraus zu lernen noch um es weiterzugeben. Sie sind die nutzlosesten Menschen und gleichen einem Land, das weder Wasser spendet noch Früchte hervorbringt.[15]

*Das Erlernen von Fremdsprachen*

❁ Das Erlernen von Fremdsprachen ist Sunna, insbesondere wenn es sich um die Sprache des Landes handelt, in dem man sich aufhält.

*Vom Wert dessen, dass jemand zugibt, etwas nicht zu wissen*

Einem Gelehrten wurde zur Zeit des zweiten Kalifen 'Umar ؓ eine Frage gestellt, worauf er zur Antwort gab „Ich weiß es nicht." 'Umar ؓ meinte dazu: „Wir wären arm dran, wenn wir nicht wissen würden, dass Allah, der Erhabene, der Allwissende ist. Wenn einer von euch nach etwas gefragt wird, von dem er nichts weiß, so soll er mit ‚Ich weiß nicht!' antworten."

---

15 Siehe az-Zuhayli, *Akhlaq*, S. 294–295 und al-Bukhari, *Nachrichten*, S. 51: 10.

# 17 Der Geiz

Geiz wird als Zurückhaltung von Pflichtabgaben an die vorgesehenen Personen verstanden. Es ist auch die Verweigerung von Mitteln an Bedürftige, für die der (religiöse) Gesetzgeber dies vorgeschrieben hat oder bei Situationen, wo der Anstand eine Verteilung verlangt, etwa bei Armengaben, Geschenken an Nachbarn, Angehörige und Freunde, wie auch Geizen an sich selbst und der Familie von Übel ist. Es handelt sich um eine in Abgrund und Verderben führende Charaktereigenschaft. Der Geizigste unter den Geizigen ist der, der das Geld anderer zurückhält. Geiz höchsten Grades ist es außerdem, wenn einem der Schöpfer einen klaren Verstand geschenkt hat, jemand sich beim Wissenserwerb aber dennoch zurückhält und stattdessen Geld und Reichtum hortet.[1]

HADITH: Ibn ʿAbbas sagte: „Der Prophet ﷺ war der großzügigste aller Menschen. Und im Ramadan war er ﷺ noch großzügiger als sonst!"[2]

ABU DHARR ERZÄHLTE: „Als wir von der Sendung des Propheten ﷺ erfuhren, sagte ich zu meinem Bruder: „Reite in dieses Tal und hör dir an, was der Mann zu sagen hat!" Als er zurückkam, berichtete er: „Dieser Mann ermahnt die Menschen zu besten Umgangsformen und Tugenden."

DSCHABIR BERICHTET: „Der Prophet ﷺ sagte niemals nein, wenn er um etwas gebeten wurde."

SAHL IBN SAʿAD ERZÄHLTE: „Eine Frau kam mit einer Burda[3] zum Propheten ﷺ. An seine Zuhörer gewandt fragte Sahl: „Wisst ihr, was

---

1 Hadiya, S. 323.
2 Dieser und die folgenden Hadithe aus: al-Bukhari, *Nachrichten*, S. 431–432.
3 *Burda*: Ein wollener Überwurf mit einem gewebten Saum (Ibn Manzur, *Lisan*, Bd. 1., S. 189).

eine Burda ist?" Sie erwiderten: „Ja, ein Mantel!" – „Das ist richtig, ein Mantel mit einem gewebten Saum." Die Frau sagte: „O Gesandter Gottes, ich möchte dir diese Burda schenken, damit du sie trägst!" Der Prophet ﷺ nahm den Mantel und zog ihn an, denn er ﷺ brauchte ein solches Kleidungsstück. Als einer seiner Gefährten ihn in diesem Gewand sah, sagte er: „O Gesandter Gottes, wie schön ist diese Burda! Gib sie mir, damit ich sie trage!" Und der Prophet ﷺ gab ihm den Mantel. Nachdem der Prophet ﷺ sich anschließend entfernt hatte, tadelten die Leute jenen Mann. Sie sagten zu ihm: „Es war nicht recht, was du getan hast! Der Prophet ﷺ brauchte den Mantel selbst! Das wusstest du doch! Und trotzdem hast du ihn darum gebeten! Du weißt doch, dass er nie eine Bitte ausschlägt!" Der Mann sagte: „Ich wollte, dass der Segen dieses Mantels, den der Prophet ﷺ trug, über mich kommt, wenn ich ihn anhabe."

ANAS BERICHTET: Zehn Jahre diente ich dem Propheten ﷺ. Und niemals sagte er ﷺ „Ach je!" zu mir, oder: „Warum hast du das gemacht?" oder: ‚Hast du das denn nicht gemacht?'"

*Eine Anekdote*

'Abdullah ibn Dschafar ritt eines Tages in Richtung seines Dorfes und legte auf dem Weg dorthin Rast in einem Palmenfeld ein, in dem ein dunkelhäutiger Knecht seinen Dienst verrichtete. Der Knecht bekam seine Essensration und als er essen wollte, da kam ein Hund auf ihn zu. Als er vor ihm stand, warf ihm der Knecht einen Teil seines kargen Essens hin, dann einen zweiten und einen dritten. 'Abdullah verfolgte dies aufmerksam und sagte alsdann: „Junger Mann, berichte mir über deine tägliche Speise!" – „Es war das, was du gesehen hast!" – Da fragte 'Abdullah: „Und du hast den Hund vorgezogen?" – „Dies ist eine Gegend, wo es keine Hunde gibt, dieser war hungrig und kam von weit her, ich wollte ihn nicht zurückweisen." – „Nun, da du deine ganze Ration dem Hund gegeben hast, wie geht es weiter?" – „Ich halte bis morgen durch!" 'Abdullah dachte sich: „Dieser ist noch weit besser und freigebiger als du es bist!", und er kaufte das ganze Feld mit allem, was dazu gehörte, kaufte den Knecht frei und schenkte ihm das Feld.[4]

4  Al-Maqdisi, *Mukhtasar*, S. 223.

# 18 Vom Umgang mit Tieren

❀ HADITH: Gott, der Erhabene, teilte das Mitgefühl in einhundert Teile. Neunundneunzig davon behielt er für sich, einen Teil davon schickte er auf die Erde herab. Dieser Teil bewirkt, dass die Lebewesen auf Erden Mitgefühl füreinander empfinden, dass sogar die Stute ihren Huf von ihrem Jungen fernhält, aus Sorge, es zu verletzen.[1]

❀ Kein Muslim pflanzt eine Pflanze, von der Menschen und Tiere essen, dem dies nicht als Almosen angerechnet wird.[2]

❀ Es besteht für jeden die Verpflichtung, die eigenen Tiere mit Futter und Trank zu versorgen und sie zu pflegen. Tut er dies nicht, kann ihn der Herrscher dazu verpflichten, das Getier zu verkaufen oder zu schlachten. Unterlässt er dies, entscheidet der Herrscher, was als nächstes getan wird.

❀ Ibn Umar berichtet vom Propheten ﷺ: Eine Frau quälte eine Katze, hielt sie gefangen, bis die Katze starb. So kam die Frau ins Höllenfeuer, denn sie hatte das Tier weder gefüttert noch ihm zu trinken gegeben, noch ließ sie es frei, damit es auf der Wiese selbst etwas fände.

❀ Abu Huraira berichtet: Ein Mann wurde, als er unterwegs war, von Durst geplagt. Er stieß schließlich auf einen Brunnen und stieg hinab, um daraus zu trinken. Als er wieder oben war, sah er einen Hund, der vor Durst von der Erde fraß. Da dachte er sich: Dieser Hund wird genauso von Durst geplagt wie ich, stieg wieder hinunter und füllte seinen Schuh mit Wasser. Dann stieg er, den Schuh zwischen den Zähnen haltend, hinaus und ließ den Hund trinken. Sodann bedankte er sich bei Gott, und Gott vergab ihm. Sie fragten: "O Gesandter

---

1 Al-Bukhari, *Nachrichten*, S. 427.
2 Ebd., 428.

Gottes, bedeutet das, dass Gutes an einem Tier zu tun, ebenfalls Gottes Vergebung erwirkt?". Er 鏢 antwortete: „Wann immer ihr einem Lebewesen Gutes tut, wird euch Vergebung gewährt."[3]

❊ Der Gesandte Gottes 鏢 betrat ein Palmenfeld eines Gläubigen der Ansar. Da kam ein Kamel auf ihn zu. Als es den Propheten 鏢 sah, wimmerte es und seine Augen tränten. Da kam der Prophet 鏢 und wischte ihm die Tränen ab, worauf das Kamel ruhiger wurde. Sodann fragte der Gesandte 鏢: „Wer ist denn der Besitzer dieses Kamels?" Da kam ein Mann der Ansar und sagte: „Ich, o Gesandter Gottes!" Und der Gesandte Gottes 鏢 sprach zu ihm: „Fürchte Allah 鏢 wegen dieses Kamels, das er dir geschenkt hat! Es beklagte sich bei mir, dass du es hungern lässt und übermäßig beanspruchst."

❊ Ein Tier darf nicht im Gesicht gebrandmarkt werden. Als der Gesandte Gottes 鏢 einen Esel mit gebrandmarktem Gesicht sah, sagte er 鏢: „Bei Allah, ich würde ihn nur an dem vom Gesicht am weitesten entfernten Körperteil brandmarken."[4]

❊ Verboten ist es, Tiere als Ziel beim Bogenschießen zu benutzen. Verboten ist es auch, Tiere gegeneinander kämpfen zu lassen und so gegeneinander aufzuhetzen, bis eines ganz oder fast zu Tode gebissen oder aufgespießt ist.[5]

❊ Des Weiteren ist es verboten, ein Tier ins Gesicht zu schlagen, lebendig zu verbrennen, auch wenn es sich um Ameisen handelt, oder zu kastrieren. Die Schlachtmethode hat die am wenigsten schmerzhafte für das Opfer zu sein.[6]

❊ Es liegen keine Einwände vor, für die Jagd oder zur Bewachung von Haus und Vieh Hunde zu halten, ansonsten ist es nicht erwünscht.

---

3  Sayyid Sabiq: *Fiqh as-Sunna*, Bd. 3, S. 564.
4  Al-Bukhari bei al-Qaradawi: *Erlaubtes und Verbotenes*, S. 292.
5  Ebd.
6  Ebd.

*Du Hund!*

Der bekannte Damaszener Gelehrte Tag Eldin as-Sabki erzählte Folgendes: Ich befand mich mit einer Gruppe von Besuchern im Garten unseres Hauses, als ein durchnässter Hund an uns vorbeikam und uns bespritzte. Verärgert rief ich aus: „Du Hund, du Hundesohn!" Mein Vater, der in einem Nebenzimmer war und mich hörte, kam heraus und fragte, warum ich den Hund beschimpfen würde. Ich antwortete, ich hätte nur die Wahrheit gesagt, sei er nicht ein Hund und Hundesohn? Er antwortete: „Natürlich, aber du hast es als Beschimpfung und Herabsetzung ausgesprochen, dies darf nicht sein." Und ich zog daraus die Lehre, dass man kein Geschöpf beschimpfen soll.[7]

---

7  As-Suyuti, *Tanzih*, S. 40.

# 19 Erlaubtes und Verbotenes

*Haram, halal, makruh*

* Verboten (*haram*) ist, was der Gesetzgeber untersagt hat; erlaubt (*halal*), was statthaft ist, wobei es keinerlei Einschränkungen gibt und was zu tun der Gesetzgeber, nämlich Allah ﷻ, erlaubt hat.[1]
* Unerwünschtes (*makruh*) wird unterteilt in:
    1. Unerwünschtes, fast Verbotenes (*makruh tahriman*). Es ist dem Verbot näher und es ist besser, es zu unterlassen;
    2. Leicht Unerwünschtes (*makruh tanzihan*). Es ist dem Erlaubten näher. Wer es tut, wird nicht bestraft, wer es unterlässt, wird aber etwas belohnt.[2]

*Säen von Zwietracht* (an-namima)

* Zwietracht zu säen ist verboten und schließt auch das Bloßstellen ein und die Verbreitung von Dingen, die der Bloßgestellte oder ein Zuhörer nicht zu erfahren wünschen. Es kann verbal, durch Andeutungen oder schriftlich erfolgen. Es ist egal, ob es sich dabei um Worte oder Taten handelt, ob fehlerhaftes Verhalten oder ein Makel bemängelt werden. In Wirklichkeit stellt das Säen von Zwietracht einen Verrat von Geheimnissen dar.[3]

---

1 Siehe al-Qaradawi, *Erlaubtes und Verbotenes*, S. 17; Hadiya, S. 214.
2 Hadiya, S. 214–315.
3 Und die weiteren Ausführungen: Hadiya, S. 314–326.

❋ Gesehenes und Gehörtes darf nicht weitererzählt werden, es sei denn, es bringt mehr Vor- als Nachteile. Es liegt dann im eigenen Ermessen, wie zu verfahren ist.

❋ Beabsichtigt eine Person, etwas Fehlerhaftes oder eine Missetat zu begehen, und hält sich doch zurück, stellt dies keine Sünde dar, ja, dies stellt sogar den Kern des Glaubens dar.

Zusammenfassend stimmen alle Gelehrten und Schriften darin überein, dass Neid, Verachtung von Gläubigen, Einbildung, Hochmut, Heuchelei und Unaufrichtigkeit ebenso verboten sind wie etwa anderen Unheil zu wünschen. Vielmehr ist zu berücksichtigen, dass jeder Mensch selbst für Gesehenes, Gehörtes und sein Herz verantwortlich ist. Fällt der Blick eines Gläubigen auf Verbotenes, ist er nur dann zu tadeln, wenn er weiter seinen Blick darauf ruhen lässt, wohl wissend, dass es verboten ist.

❋ Es ist nicht zulässig, dem Glaubensbruder insgeheim Misstrauen entgegenzubringen. Sich über jemanden Gedanken zu machen ist hingegen nicht verboten.[4]

*Spionieren*

Das Suchen nach verborgenen Fehlern bei anderen, und diese dann öffentlich anzuprangern, ist verboten, wenn sie im Verborgenen liegen. Ausgenommen ist offensichtliches Fehlverhalten, wenn Lärm nach außen dringt, sodass die Passanten ihn wahrnehmen, oder z. B. obszöne Worte von Betrunkenen nach außen dringen: Dann ist der Herrscher befugt, in das Haus zu gehen um dies zu unterbinden, und die Verursacher gegebenenfalls zu bestrafen.

---

4  Hadiya, S. 315.

*Verbotenes*

Die Diener Gottes sollen sich davor hüten, Verbotenes zu begehen. An erster Stelle sind hierbei zu nennen:

- ❋ Notzucht und Homosexualität, ob unter Männern oder Frauen;
- ❋ Straßenraub, Diebstahl;
- ❋ Alkoholkonsum, auch wenn er nur in geringen Mengen erfolgt und nicht zu Trunkenheit führt, sowie der Konsum von allem, was zur Beeinträchtigung der Sinne führt;
- ❋ verheiratete Männer oder Frauen der Unzucht zu bezichtigen;
- ❋ mutwilliges, unberechtigtes Töten;
- ❋ mutwilliges und unberechtigtes Aneignen fremden Besitzes;
- ❋ Falschaussage;
- ❋ Wucherzinsen nehmen oder entrichten;
- ❋ unberechtigtes Aneignen des Besitztums von Waisen;
- ❋ Bestechung;
- ❋ sich von den Eltern abwenden;
- ❋ mutwillige Lügen über den Propheten ﷺ: verbreiten;
- ❋ mutwilliges und nicht berechtigtes Nichteinhalten des Ramadan;
- ❋ mutwilliger Betrug beim Verkauf;
- ❋ vorzeitige oder verspätete Verrichtung der vorgeschriebenen Gebete;
- ❋ Unterlassung des Fastens im Ramadan, der Abgabe der Armensteuer oder der Pilgerfahrt ohne Entschuldigung;
- ❋ Gläubigen unberechtigt Unheil zufügen;
- ❋ Verunglimpfung der Gefährten des Propheten ﷺ;
- ❋ Zwietracht säen zwischen Religions- oder Korangelehrten;
- ❋ mutwilliges Verbrennen von Tieren;
- ❋ Zuhälterei;
- ❋ Unterlassung der Pflicht, das Gute zu empfehlen und von Verwerflichem abzuraten;

❁ Unterlassung des Rezitierens des Korans, auf dass er vergessen werde, und man nicht mehr in der Lage ist, ihn zu rezitieren;

❁ wenn die Frau ohne Grund ihrem Mann den Beischlaf verweigert;

❁ an der Barmherzigkeit Gottes zweifeln und dass er Sünden, angesichts der Schwere und des Ausmaßes, nicht vergibt. Ja, das Zweifeln an der Barmherzigkeit Gottes stellt sogar eine Absage an ihn (*kufr*) dar;

❁ Der Verlass auf die Fähigkeit Gottes, zu bestrafen oder nicht, indem man sich sicher fühlt und keine Angst vor der Übertretung von Verboten hat;

❁ Mutwilliger Konsum von Schweinefleisch oder von Kadavern, wenn keine Not besteht;

❁ Glücksspiele;

❁ Vergeudung von Geld an verbotenen Orten oder in bestimmten Situationen;

❁ Zwietracht säen auf Erden und unter Menschen;

❁ die Nichteinhaltung der Pflicht, gerecht zu sein durch den Herrscher;

❁ sich von seiner Frau abzuwenden (*zihar*);

❁ Drogensucht;

❁ Beihilfe zum Unheil und andere dazu zu ermutigen;

❁ die Entblößung und das zur Schau stellen verbotener Körperstellen vor anderen, z. B. im Bad;

❁ Selbstmord oder mutwillige Verstümmelung eigener Körperteile (dies ist verwerflicher als Mord);

❁ sich nach der Blasenentleerung nicht zu reinigen;

❁ Leugnung von Vorsehung und göttlicher Bestimmung;

❁ Prophezeiungen und Wahrsagern Glauben zu schenken;

❁ Leugnung von Mutter- oder Vaterschaft;

❁ die Schlachtung von Tieren zur Ehrung eines Menschen;

❁ Verleitung zum Fehlverhalten sowie Nichtbefolgung der Anweisungen des Herrschers;

❁ Hochmut und Arroganz.

Als Sünden gelten auch:[5]

❈ die Einführung und Etablierung Unheil bringender Dinge wie erfundene gottesdienstliche Handlungen;

❈ die Brüskierung der Eltern;

❈ das Nichterlernen verpflichtender Kenntnisse;

❈ die Verleugnung guter Taten wohltätiger Menschen;

❈ das Spionieren und Belauschen anderer;

❈ einen anderen Muslim als ungläubig zu bezeichnen, außer wenn dieser den Islam oder Teile davon als Unglaube bezeichnet;

❈ Polemik und Heuchelei;

❈ der Konsum von Substanzen, die zur Berauschung führen wie Marihuana und Opium, so auch von Mohn oder Safran, wenn sie zu Bewusstseinsveränderungen führen;

❈ illegale Spiele;

❈ im Land lebenden Nichtmuslimen zu schaden;

❈ mit einem spitzen Gegenstand auf einen Menschen, ob Muslim oder Nichtmuslim, zu zeigen;

❈ Sünden nicht zu bereuen.

KORAN: ❴Gott, der Erhabene, sagt: „Wer nicht bereut, das sind die Ungerechten."❵[6]

Reue bedeutet hier, seine Fehler zu bereuen, sie sofort zu unterlassen und sich vorzunehmen, sie nicht mehr zu begehen, sowie Schulden und Anrechte anderer zu begleichen oder sich vom Schuldner freisprechen zu lassen.[7]

Merke

Auch das Begehen kleiner Sünden, wenn man sich nicht beobachtet fühlt, ist verboten.

---

5  Hadiya, S. 326–329.
6  Sure 49:11, Übers.: König-Fahd-Komplex.
7  Hadiya, S. 327.

Bei mangelnder religiöser Reinheit ist es nicht gestattet, den Koran zu berühren.

Verboten ist es ferner,

* Fachwissen vorzutäuschen, obwohl dies nicht vorhanden ist;
* als Kadi bestellt zu werden, eine entsprechende Stelle anzunehmen oder danach zu streben, wenn man weiß, dass man zu Unehrlichkeit neigt;
* ungerecht zu richten, oder Entscheidungen zu treffen, die Gott erzürnen, nur um anderen Menschen entgegenzukommen, oder zu richten, ohne über das erforderliche Wissen zu verfügen;
* jemandem ein gutes Leumundszeugnis auszustellen, ohne sich vorher genau über ihn zu informieren;
* Betrügereien;
* sich zu Missetätern oder Perversen zu gesellen, es sei denn, um sie von etwas abzuhalten oder ihnen Ratschläge zu erteilen;
* Sodomie;
* die Nichtbefolgung der Forderungen Religionsgelehrter;
* Gelehrte zu meiden oder sich von ihnen abzuwenden;
* Fehlverhalten nicht ernst zu nehmen, auch wenn es gering ist, und darauf zu beharren;
* Arroganz oder Respektlosigkeit anderen gegenüber sowie sie ungerecht zu behandeln und ihnen durch Worte oder Taten zu schaden;
* sich vor der Bestrafung Gottes sicher zu fühlen.

## 20  Die Reinheit (*at-tahara*)

Der Begriff *at-tahara* bedeutet „die rituelle, religiöse Reinheit". Sie um-
fasst nicht nur die Reinheit von Körper und Geist, sondern auch die der
Kleidung und jedes Objektes, mit dem der Mensch in Kontakt kommt, ob
Wohn- und Gebetsbereich, Geschirr, Besteck, Boden usw. Sie nimmt einen wichtigen Teil im Leben jedes Muslims ein. Sie beeinflusst aber auch
die Lebensgewohnheiten mehrheitlich in den muslimischen Ländern
und ist stark verwurzelt auch bei Christen, die in islamischen Ländern leben. Der Begriff *tahara* findet sich auch im Jüdischen (*taharah/tohorot*).[1]

In allen diesbezüglichen Fragen wählt der Islam den Mittelweg zwischen den jüdischen und christlichen Reinigungsritualen.

Hierzu gehören die Reinheitsrituale vor jedem Gebet. Ohne diese sind
die Gebete ungültig.

Wie die Gebete zur Reinheit der Seele, so sollen die Reinheitsrituale
zur Reinheit des Körpers führen.

Zwischenspiel

Als Kontrast zu den Vorschriften der Sauberkeit und Reinheit im Islam,
seien hier die Aufsehen erregenden Berichte des arabischen Reisenden
Ibn Fadlan über die „Rus um das Jahr 921" aufgeführt:

> Sie sind die schmutzigsten Geschöpfe Gottes … Am Morgen
> bringt ein Sklavenmädchen dem Herren des Haushaltes
> ein Becken voll Wasser; er wäscht sich darin die Hände,
> Gesicht und Haare, … dann spuckt und schnäuzt er sich in

---

1  Bridger, David et al. (Hrsg.), *The New Jewish Encyclopedia*, New York: Behrman
House 1962, Art. „Mikveh", S. 321.

die Schüssel ... Das Mädchen trägt dann dasselbe Becken
zur nächsten Person weiter, die dasselbe tut, bis schließlich
alle Hausgenossen ein und dieselbe Schüssel benützt haben,
um ihre Nasen hineinzuschnäuzen, hineinzuspucken und
Gesicht und Haare zu waschen.[2]

Als reinigendes Wasser kann jedes *fließende* Wasser verwendet werden:
Regenwasser in Tälern, Wasser in Brunnen, Seen, Flüssen, Schnee oder
Eiswasser.

*Wasser gilt als unrein,* wenn es Beimengungen enthält und wenn die
Beimengungen die Eigenschaften des Wassers verändern, erkennbar an
Veränderung sind Farbe, Geruch oder Geschmack.

Stehendes Wasser (weniger als 193 Liter) gilt als unrein, wenn ein
Raubtier, ein Hund, ein Schwein, ein Bär, ein Affe, eine Wildkatze oder
ein ähnliches Tier daraus trinkt.

Fällt die Leiche eines Warmblüters in einen Behälter, der weniger als
193 Liter Wasser enthält, gilt es als unrein; dies ist auch bei Brauchwasser
der Fall.

Als *istibra* und *istindscha*[3] werden die Reinigungen nach der Entleerung der Blase, *istibra*, oder des Darms, *istindscha*, bezeichnet.

Ersteres gilt beim Mann, wenn er nach der Blasenentleerung abwartet
und sich eventuell etwas bewegt, bis er die Gewissheit hat, die Harnröhre
sei entleert. Auch die Frau wartet etwas ab, bis sie Gewissheit hat.

Nach der Darmentleerung gilt es ebenfalls etwas abzuwarten, bis
Gewissheit besteht, die Entleerung sei vollständig. Es empfiehlt sich,
ein Stück nicht beschriftetes Papier (z. B. WC-Papier) oder einen harten
Gegenstand zu nehmen, und sich gründlich damit zu reinigen.

---

2  Ibn Fadlan, aus: Koestler, Arthur, *Der dreizehnte Stamm*, Herrsching: Pawlak 1989,
   S. 80.

3  *Istibra'*, aus *bara'*: wörtlich „sich vergewissern, etwas loszuwerden" (Ibn Manzur,
   *Lisan*, Bd. 1, S. 183). *Istindscha*, Hauptwort *nadscha/nadschu*, „was aus dem Darm
   hinausgeht", ob Wind oder Stuhl; *istindscha* bedeutet die Reinigung der Stelle mit
   Wasser oder hartem Gegenstand (ebd., Bd. 3, S. 592–593).

Es handelt sich dabei um eine gesicherte, auf den Propheten ﷺ zurückgehende Tradition, die sowohl für Männer als auch für Frauen gilt.

Eine Reinigung an der Darmöffnung kann mit etwas Hartem wie einem ausgesuchten Stein, einem wertlosen Tuch oder einem nicht beschrifteten Papier erfolgen. Verschmutztes Material, Knochenstücke oder Viehfutter dürfen allerdings nicht verwendet werden. Ausgesucht werden Materialien mit starker Reinigungskraft. Erwünscht ist es, dies dreimal zu wiederholen.

Anschließend wird die verschmutzte Stelle gründlich mit Wasser gereinigt, bis die Gewissheit besteht, dass die Stelle sauber ist. Abschließend werden die Hände gewaschen und abgetrocknet.

Das Säubern ist auch dann vorgeschrieben, wenn eine Verunreinigung an der Haut oder der Kleidung entsteht; durch Blut, Eiter, Harn oder Exkremente usw. Ist dies der Fall, und ist die verunreinigte Fläche größer als handtellergroß, besteht die Pflicht, sie mit Wasser zu reinigen.

Verboten ist es, die Geschlechtsteile während der Reinigung vor anderen zu entblößen, also vor jenen, denen es nicht erlaubt ist, diese zu sehen.

Nicht erwünscht ist es, in ein fließendes Gewässer zu urinieren oder dort die Notdurft zu verrichten. Ausnahmen: von Bord eines Schiffes ins Meerwasser etc.

Unerwünscht ist es ferner, in einen Brunnen, in ein Beet, am Stamm eines fruchtbaren Baumes, am Rande eines Gebetsraums, am Friedhof, unter Tieren und auf offener Straße zu urinieren.[4]

## Die Ganzkörperwaschung

Die Ganzkörperwaschung wird zur Pflicht:[5]

❋ nach einer Penetration, egal ob in die Scheide oder in den After von Mensch oder Tier, egal, ob lebend oder tot. Es ist auch Pflicht, wenn

---

4 Hadiya, S. 12.
5 Hadiya, S 123.

nur die Eichel eingeführt wird, selbst wenn es nicht zur Ejakulation kommt.

## Merke

Analverkehr sowie der Verkehr mit Tieren (Sodomie) ist verboten. Es handelt sich hier um die hypothetische Frage im Falle von Sodomie und wie vorzugehen ist, falls man diese Sünde begeht.

❁ Die Ganzkörperwaschung ist auch nach einer Ejakulation erforderlich, ob sie mit oder ohne Lust erfolgte, auch dann, wenn sie erst nach dem Aufwachen entdeckt wird;

❁ nach der Menstruation;

❁ nach der Entbindung;

❁ im Wochenbett.

Auch ein Toter ist ganz zu waschen.

Beim Eintritt in den Islam ist eine Ganzwaschung erst dann erforderlich, wenn vorher eine rituelle Verunreinigung vorlag, im umgekehrten Fall ist es nicht notwendig (nach Schafi'i).

Keine Pflicht, aber erwünscht ist die Ganzkörperwaschung:

❁ vor jedem Freitagsgebet;

❁ zu den religiösen Feiertagen;

❁ vor der Pilgerfahrt;

❁ für einen Geisteskranken, wenn er aus einem Zustand erwacht;

❁ nach dem Aufwachen aus einer Ohnmacht;

❁ nach einer Trunkenheit;

❁ vor dem Besuch einer Gebetsversammlung.

❁ Nach der Rückkehr von einer Reise;

❁ nach der Reue einer begangenen Sünde.

*Die Praxis der Reinigung*

Pflicht ist es, folgende Teile zu waschen:

Mund, Nase sowie das einmalige Überspülen des ganzen Körpers, einschließlich erreichbarer Körperteile.

Keine Vorschrift, aber erwünscht ist es, vor Ablegen der Kleidung und dem Vorsatz sich reinigen zu wollen, mit dem Namen Gottes (*bismillahi-r-rahmani r-rahimi*) zu beginnen. Zunächst werden die Hände gewaschen, danach die verschmutzten Stellen am Körper, die Geschlechtsteile, dann folgen die gleichen Schritte wie bei der Waschung zum Gebet (Gebetswaschung, *wudu*) und anschließend wird der ganze Körper dreimal mit Wasser überspült, mit dem Kopf beginnend, die rechte, dann die linke Schulter und der ganze Körper.

Die Frau ist nicht verpflichtet, ihren Zopf zu lösen, vorausgesetzt das Wasser erreicht ihre Haarwurzeln. Für den Mann besteht dagegen die Pflicht, einen eventuellen Zopf zu lösen.[6]

*Über Menstruation, Wöchnerinnen- und Schmierblutungen*

KORAN: ❨Sie fragen dich nach der Monatsblutung. Sprich: Sie ist ein Unwohlsein, darum wohnt man während der Menstruation den Frauen nicht bei.❩[7]

Menstruation ist das Blut aus dem Unterleib eines weiblichen Wesens von mehr als ca. neun Jahren, welches weder krank noch schwanger ist und das Alter von ca. 55 Jahren,[8] noch nicht erreicht hat.

Am kürzesten dauert die Menstruation ein (bis drei), am längsten zehn Tage. Manche Rechtsschulen geben sogar 15 Tage als Grenze an. Was

---

6  Hadiya, S. 16.
7  Sure 2:222. Übers.: Ayatollah Morteza Motahari, *Islam. Echo in Europa: Stellung der Frau im Islam*, Hamburg: Islamisches Zentrum 1982, S. 110.
8  Al-Kurdi, *az-Zawadsch*, S. 29.

über das Gewohnte hinausgeht, gilt als Schmierblutung und die mindeste Zeit der Reinheit zwischen zwei Monatsblutungen beträgt 15 Tage.[9]


Merke

Dennoch wird von Frauenärzten empfohlen, bei sich wiederholenden Abweichungen ein Arzt zu fragen.

Nicht gestattet während der Blutung sind folgende Dinge:

* Beten, egal ob Pflicht- oder andere Gebete, auch wenn es nur eine Verbeugung ist;
* Fasten, ob im Ramadan oder beim zusätzlichen (freiwilligen) Fasten (*nafil*). Die versäumten Ramadan-Tage müssen nachgeholt werden;
* Gebetsräume zu betreten und darin zu verweilen, wenn eine Frau fürchtet, den Platz zu verunreinigen;
* Lesen aus dem Koran, auch wenn es nur Teile davon sind;
* das Anfassen des Korans, wenn er nicht in einer Schutzhülle ist;
* Geschlechtsverkehr;
* eine Scheidung.

Erlaubt ist dagegen:

* Der *tawaf*, d. h. die religiöse Umkreisung der Kaaba (nicht nach Schafi'i);
* die Ehefrau unterhalb des Knies und oberhalb des Nabels (sexuell) zu berühren. Manche Gelehrte meinen, dass es genügt, wenn nur die Schamteile zugedeckt sind;
* Bittgebete zu lesen und auszusprechen;
* das Betreten von Gebetsräumen zu den Feiertagen;

---

9  Ebd.

❋ den Koran zu unterrichten, wenn keine ganzen Sätze vorkommen (er also Wort für Wort zitiert wird).

Merke: Dieses Verbot gilt auch für Männer, wenn sie sich im Zustand der „großen rituellen Unreinheit" befinden.[10]

Schmierblutungen wie anhaltende Nasenblutungen gelten als rein und stellen keinen Hinderungsgrund dar.[11]

Bei der Blutung einer Wöchnerin handelt es sich um eine Blutung, die nach der Entbindung auftritt und bis zu 40 Tage dauern kann. Sie entbindet nicht von den vorgeschriebenen Gebeten und religiösen Pflichten.

Verunreinigungen werden in schwere und leichte eingeteilt:

Schwere Verunreinigungen, die nur der Waschung der verunreinigten Stelle bedürfen, werden verursacht durch

❋ alkoholische Getränke, einschließlich z. B. aus einer Kanne tropfenden Anissekt sowie alle anderen Getränke, die zur Trunkenheit führen;

❋ ausfließendes Blut;

❋ Oberflächenkontakt mit einem natürlichen Todes gestorbenen Tier (also einem in Zustand der Verwesung befindlichen Warmblüter) sowie mit dessen Haut vor der Gerbung, wenn eine sichtbare Verunreinigung auf der Stelle zurückbleibt;

❋ Speichel oder Auswurf von Hunden sowie von wilden Tieren;

❋ Exkremente von Hühnern, Gänsen und Enten;

❋ alle menschlichen Ausscheidungen, die die Reinheit vor dem Gebet beeinträchtigen.[12]

---

10 Sayyid Sabiq, *Fiqh as-Sunna*, Bd. 1, S. 68.
11 Hadiya, S. 30.
12 Hadiya, S. 33.

Leicht verunreinigend sind

❀ der Urin eines Pferdes oder von essbaren Tieren sowie der Kot nicht essbarer Vögel.

Die Verunreinigung kann vernachlässigt werden, wenn die Gesamtfläche der verunreinigten Stelle weniger groß ist als die eines Handtellers.

Nicht verunreinigend sind:

❀ der Urin einer Katze, wenn er z. B. an einem Kleidungsstoff haftet. Befindet sich etwas davon in einem Glas, dann gilt es als verunreinigend;
❀ Schlammspritzer von der Straße, auch wenn diese teilweise schmutzig sind;
❀ Spritzer aus einem Urinstrahl, wenn die Fläche weniger als ein Handteller groß ist.

Tritt jemand mit verschwitzten Füßen auf eine trockene, jedoch schmutzige Unterlage (wie z. B. Urin oder Exkremente), wird die Waschung einer eventuell verunreinigten Stelle an den Füßen notwendig. Bleibt dabei jedoch keine sichtbare Verunreinigung auf dessen Haut zurück, ist eine Waschung nicht notwendig.

Hier gilt die Regel: Kontakt zwischen zwei trockenen Oberflächen führen zu keiner (rituellen) Verunreinigung. Das gleiche ist der Fall, wenn Wasser oder Wäsche verschmutzt wurde (wie z. B. Urin oder Exkremente) und eine sichtbare Stelle zurückblieb. Dann wird die Waschung mit reinem Wasser und Seife ebenfalls notwendig.[13]

---

13  Ebd., S. 34.

# 21 Die Gebete

Die fünf vorgeschriebenen Gebete (*Fardh-* oder Pflichtgebete) sind:

Morgen-, Mittags-, Nachmittags-, Abend- und Nachtgebet.

Es gibt zahlreiche andere Gebete (Gelegenheitsgebete), die erwünscht, aber nicht Pflicht sind.

Merke

Für einen Reisenden ist es gestattet, die Mittags- und Nachmittags- sowie die Nachtgebete zu kürzen. Eine Reise gilt ab einer Entfernung von 80 km.

*Erwünschtes beim Beten*

Die Männer sollen beim Ruf zum Gebet ihre Hände aus den Ärmeln holen; diese Regel gilt aber nicht für Frauen.

Der Blick ist im Stehen dorthin zu richten, wo beim Niederknien die Stirn am Boden angesetzt wird. Beim Beugen wird der Blick auf den Fußrücken gerichtet, beim Niederknien berührt die Nase den Boden, beim Sitzen schaut man auf den Schoß. Beim Rezitieren des *salam* schaut man, den Kopf drehend, zuerst auf die rechte, dann, den Kopf drehend, auf die linke Schulter.

Husten ist zu unterdrücken, wenn sich dies machen lässt.

Das Gähnen ist ebenfalls zu unterdrücken oder zumindest ist der Mund mit dem Handrücken zu bedecken.

Man soll aufstehen, wenn der Imam zum Gebet schreitet.

Der Imam muss sofort mit dem Gebet anfangen, sobald der Beginn zum Gebet ausgerufen wird.

## Wer wird als Imam vorgezogen?

* Der Würdigere, ob Präsident, Herrscher, Prinz oder Kadi;
* ein Kadi ist als Imam vorzuziehen;
* der Hausherr, auch wenn er nur Untermieter ist;
* derjenige, der sich mit den Regeln der Gebete am besten auskennt, ausgenommen wenn er ein Frevler oder Irreführender ist;
* wer den Koran am besten rezitieren kann;
* der Frömmste;
* der am längsten dem Islam angehörende;
* der Älteste;
* der Aufrichtigste;
* der am besten Aussehende;
* der Vornehmste;
* der mit der schönsten Stimme;
* der mit der reinsten Kleidung.[1]

Nicht erwünscht ist

* ein Ungebildeter oder ein Irregehender (Frevler, Übeltäter), derjenige, der eine ketzerische Erneuerung einführt, ein Unwissender, jemand mit abstoßenden Eigenschaften. Wenn sich kein Anderer findet, dann bestehen keine Einwände.

Die Regel besagt, dass ein gottesfürchtiger Imam den Vorzug hat.

* Ein Blinder ist als Imam ebenfalls unerwünscht, es sei denn, er verfügt über mehr Bildung als die Anwesenden.[2]

---

1  Hadiya, S. 56; siehe auch Sayyid Sabiq, *Fiqh as-Sunna*, Bd. 1, S. 235, wobei die Reihenfolge hier etwas anders ist.
2  Hadiya, S. 56

*Wissenswertes für Nicht-Muslime*

Die Gebete werden zu vorgeschriebenen Zeiten verrichtet:

1. Das Morgengebet (*fadschr*): Erstreckt sich von der ersten Morgendämmerung bis kurz vor Sonnenaufgang (Zeitspanne: ca. 1½ Stunden).

2. Das Mittagsgebet (*dhuhr*): Beginnt ab der Zeit, wo die Mittagssonne
   sich in Richtung Abend neigt (*zawal*) und der Schatten die Länge
   eines Gegenstandes beträgt. Die Mittagszeit endet, wenn der Schatten
   seine zweifache Länge nimmt, also ab Beginn des Nachmittagsgebets.
   Die Zeit ist variabel, je nach Jahreszeit.

3. Nachmittagsgebet (*'asr*): Ab Neigung der Sonne, bis der Schatten
   zweimal so lang wie der Gegenstand ist und bis kurz vor Sonnenuntergang.

4. Abendgebet (*maghrib*): Ab Sonnenuntergang bis Nachtgebet.

5. Nachtgebet (*'ischa*): Etwa 1½ Stunden nach Sonnenuntergang und bis
   zum Anbruch der Morgendämmerung.

Innerhalb dieser Zeiten sollen die Gebete verrichtet werden, besser
jedoch (*sunna*) zu Beginn der jeweiligen Zeitspanne.

Die Gebete können an beliebigen Orten, die rein sind, verrichtet
werden.

Während des Gebets soll der Betende unnötige Bewegungen vermeiden, sich nicht von einer Stelle zur anderen bewegen, keine Hand- oder
andere Zeichen durchführen, die nicht mit dem Gebet zusammenhän-
gen, keine Fragen an andere stellen oder welche beantworten, keine Fern-
sehsendungen oder andere Filme während des Gebets verfolgen.

Schließlich sollen Nicht-Betende es vermeiden, vor dem Gebetsbereich zu stehen oder zu gehen. Die Frau soll es vermeiden, entblößt vor
dem Betenden zu stehen oder zu sitzen.

Möchte man dem Betenden etwas Notwendiges mitteilen, genügt es,
dies in sein Ohr zu flüstern oder es etwas laut auszusprechen, so dass der
Betende dies hört.

Besteht Eile, dauert ein Pflichtgebet nur wenige Minuten; kommt die rituelle Waschung (*wudu*) hinzu, verlängert sich die Gesamtdauer des Rituals um etwa 10 bis 15 Minuten.

Der Prophet ﷺ sagte: „Wer unrein ist und Körpergeruch hat, dessen Gebete werden nicht angenommen, ehe er eine Gebetswaschung vollzogen hat."

# 22 Das Fasten

KORAN: ❮O die ihr glaubt, vorgeschrieben ist euch das Fasten, so
wie es denjenigen vor euch vorgeschrieben war, auf dass ihr
gottesfürchtig werden möget.❯

❮(Vorgeschrieben ist es euch) an bestimmten Tagen ...❯

❮Der Monat Ramadan (ist es), in dem der Qur'an als Rechtleitung
für die Menschen herabgesandt worden ist ... Wer also von euch
während dieses Monats anwesend ist, der soll ihn fasten ...❯[1]

Das Fasten ist eine der fünf Säulen des Islam. Es ist für jeden gesunden,
erwachsenen Muslim Pflicht. Gefastet wird in einem bestimmten Monat
des Mondjahres, dem Ramadan. Fasten verlangt strenge Selbstkontrolle
innerhalb der Grenzen des Islams und seinen Geboten. Werden die
ethischen Aspekte des Fastens außer Acht gelassen, ist es nichts anderes
als bedeutungsloses Hungern und Dürsten.

❀ Fasten im Ramadan ist eine persönliche Pflicht für alle Muslime. Es
betrifft Männer und Frauen, welche erwachsen, gesund und in einem
Ort ansässig sind. Wichtig ist des Weiteren der Vorsatz zum Fasten
und die Kenntnis der Fastenzeiten im Monat Ramadan.[2]

❀ Nicht zum Fasten verpflichtet sind: Kinder bis zu 10 Jahren, körperlich
und geistig Kranke, Reisende, Altersschwache, Frauen während der
Monatsblutung, Wöchnerinnen, Schwangere, Stillende, körperlich
schwer arbeitende Personen, wenn sie zum Fasten nicht fähig sind.[3]

❀ Für Kranke und Reisende gilt, dass sie die versäumten Tage nach
Genesung bzw. Rückkehr von der Reise nachholen. Gleiches gilt für

---

1 Sure 2:183–185, Übers.: König-Fahd-Komplex.
2 Sayyid Sabiq, *Fiqh as-Sunna*, Bd. 1, S. 437–439 sowie Hadiya, S. 120.
3 Hadiya, S. 120.

Frauen, wenn sie die Menstruation hatten. Handelt es sich um eine chronische Erkrankung, entfällt diese Pflicht.

❀ Leute, die körperlich schwere und belastende Arbeiten verrichten, sind auch vom Fasten befreit, sofern sie fürchten, dass das Fasten ihrer Gesundheit schaden könnte. Sie müssten aber für jeden versäumten Tag einen Armen speisen, sofern sie sich dies leisten können.

❀ Fasten bedeutet das Meiden von Essen und Trinken sowie die Enthaltsamkeit von allem, was während des Fastens verboten ist, und zwar vom ersten Sonnenstrahl bis zum Sonnenuntergang.

❀ Verboten während des Fastens sind: Vorsätzliches Essen oder Trinken vor Sonnenuntergang, gewolltes Erbrechen, vorsätzliche Ejakulation, ob durch Masturbation oder sexuelle Praktiken, orale Einnahme von Substanzen, die nicht im rechtlichen Sinne als Nahrungsmittel gelten wie z. B. Salz oder Tabakrauch.[4]

❀ Erlaubt während des Fastens sind: Augentropfen, Spritzen oder Infusionen (weil und wenn sie nicht nahrhaft sind), seine Frau küssen oder auch neben ihr liegen, wenn der Mann seinen Trieb kontrollieren kann (ist aber nicht erwünscht), Schröpfen, Gurgeln ohne Schlucken, Schlucken des eigenen Speichels, rituelle Unreinheit (z. B. Samenauswurf oder Penetration Nachts ohne sich danach rituell zu reinigen, ist wohl Makruh – nicht erwünscht –, weil die Gebete nicht verrichtet werden können, das Fasten verliert aber nicht seine Gültigkeit) während des Fasttags. Nach Sonnenuntergang ist wie sonst alles erlaubt.[5]

4  Sayyid Sabiq, *Fiqh as-Sunna*, Bd. 1, S. 465–470.
5  Ebd., S. 460–464; siehe auch az-Zarka, *Fatawi*; Hadiya und andere.

## 23 Vom Umgang mit Personal

❀ Grundsätzlich gelten alle hier angeführten Benimmregeln auch beim Umgang mit Bedienungspersonal oder anderen unterstellten Personen. Dies schließt auch andere Hilfsbedürftige mit ein, wie in Not geratene Reisende oder Gefangene.

KORAN:  ❮Und zu den Eltern sollt ihr gütig sein und zu den Verwandten, den Waisen, den Armen, dem verwandten Nachbarn, dem fremden Nachbarn, dem Gefährten zur Seite, dem Sohn des Weges[1] und denen, die eure rechte Hand besitzt[2].❯[3]

❀ Auch die Sunna schreibt vor, die Bediensteten wie sich selbst zu behandeln, sie wie sich selbst oder zumindest angeglichen an die eigene Familie zu kleiden und zu speisen. Das Essen soll zumindest dem Durchschnitt entsprechen, man soll Unterstellte umsichtig behandeln und ihnen gegenüber Nachsicht und Erbarmen zeigen, sie nicht außergewöhnlich belasten und wenn Not am Mann ist, mithelfen, und sie nicht durch Worte oder Taten erniedrigen.

❀ Es wird berichtet, dass ein Mann einst Abu Dharr, der von seinem Diener begleitet wurde, traf und ihn fragte, warum beide gleiche Kleidung trügen. Er bekam zur Antwort, dass er zur Zeit des Propheten ﷺ einen Schwarzen – es war Bilal – mit den Worten „Sklavensohn" bezeichnete. Darauf sagte der Gesandte ﷺ zu ihm: „Du benimmst dich wie die Ungläubigen. Diese sind eure Glaubensbrüder und Helfer. Gott hat sie euch anvertraut. Wer seinen Bruder unter sich hat, soll ihn gleich

---

1 Anm.: also dem Reisenden, insbesondere, wenn er unterwegs in Not geraten ist.
2 Anm.: Sklaven bzw. Sklavinnen oder Gefangene.
3 Sure 4:36. Übers.: König-Fahd-Komplex.

speisen wie sich selbst, und gleich kleiden und nicht von ihnen abverlangen, was sie nicht können, wenn aber, dann sollt Ihr selber helfen."[4]

❁ Der Gesandte Gottes ﷺ untersagte außerdem dem Hausherren, seine Untertanen dazu zu verpflichten, ihn mit der Anrede „unser Herr" zu verherrlichen. Sie sollen ihren Dienstgeber einfach mit „Herr" oder „Chef" ansprechen. Wenn er sie aber ruft, soll er nicht sagen „mein Sklave", „meine Sklavin", sondern sie „mein Sohn", „mein Mädchen" oder „mein Kind" nennen.

❁ Und er ﷺ sagte ferner: „Bringt euch euer Diener das Essen, sollt ihr ihn neben euch Platz nehmen lassen oder ihm ein bis zwei Bissen zu essen geben."[5]

❁ Wenn man Erzieher oder Diener bei sich zu Hause einstellt, empfiehlt es sich, darauf zu achten, dass diese einen guten Leumund und gutes Benehmen haben, und dass man die Erziehung der Kinder niemandem als den Eltern überlässt.[6]

---

4 Muttafaq 'Alaih, aus az-Zuhaiyli, *Akhlaq*, S. 285.
5 Die letzten zwei Hadithe aus: al-Bukhari, *Mukhtasar*, Hadith 1147 und 1148.
6 Istambuli, *Wege*, S. 69.

# 24 Hochmut und Bescheidenheit

KORAN: ❨Und gehe nicht übermütig auf der Erde einher. Du wirst ja die Erde nicht aufreißen noch die Berge an Höhe erreichen (können).❩[1]

❨Und zeige den Menschen nicht geringschätzig die Wange und gehe nicht übermütig auf der Erde einher, denn Allah liebt niemanden, der eingebildet und prahlerisch ist.❩[2]

❨O die Ihr glaubt, die einen sollen nicht über die anderen spotten, vielleicht sind eben diese besser als sie. Auch sollen nicht Frauen über andere Frauen (spotten), vielleicht sind eben diese besser als sie. Und beleidigt euch nicht gegenseitig durch Gesten und bewerft euch nicht gegenseitig mit (hässlichen) Beinamen.❩[3]

Hochmut und Arroganz sind *haram*. Sie stellen Eigenheiten des Satans dar und sind die schlimmsten Charaktereigenschaften überhaupt. Wer so agiert, will mit einer Eigenschaft Gottes in seiner Größe und Erhabenheit „konkurrieren". Hochmut bedeutet, sich höher gestellt, besser und erhabener einzuschätzen als andere. Einbildung dagegen ist, etwas Eigenes überzubewerten, ohne es auf den Geber zurückzuführen; das wiederum kann zu Hochmut führen.

❈ Hochmut äußert sich nicht durch Kleidung oder Gepflegtheit sondern durch Worte, Gesten oder Taten, wenn man andere gering schätzt und abfällig behandelt.[4]

---

1 Sure 17:37. Übers.: König-Fahd-Komplex.
2 Sure 31:18.
3 Sure 49:11.
4 Hadiya, S. 317; siehe auch az-Zuhayli, *Akhlaq*, S. 348–350.

❊ Man sollte niemanden besser behandeln als es seiner tatsächlichen Stellung entspricht, da dies zu Überheblichkeit verleiten kann. Andererseits sollte man auch niemandem weniger Achtsamkeit schenken, als es seinem tatsächlichen Stand entspricht, da dies zu Groll und Feindschaft führen kann.[5]

## Merke

Es heißt, dass man verlogene Schmeichler nicht loben soll, da dies zu Hochmut führen kann: „Streut Sand vor das Gesicht des Schmeichlers". Eine lobenswerte Handlung zu äußern, welche schmeichelhaft ist, ist dagegen erlaubt, ja sogar erwünscht.

---

5  Hadiya, S. 294.

# 25 Allgemeine Regeln

❀ HADITH: Der Prophet ﷺ, laut Abu Thaʻlaba, sagte: „Allah, der Erhabene, hat euch bestimmte Pflichten auferlegt, darum sollt ihr sie nicht
missachten. Und Er hat euch bestimmte Schranken gesetzt, darum
sollt ihr sie nicht übertreten. Und Er hat euch bestimmte Dinge verboten, darum sollt ihr sie nicht begehen. Und Er hat euch bestimmte
Dinge aus Barmherzigkeit und nicht aus Unachtsamkeit verschwie-
gen, darum sollt ihr nicht danach forschen."[1]

❀ Die arabische Sprache hat gegenüber anderen Sprachen den Vorteil,
dass sie die Sprache des Korans und die des Jenseits ist. Wer diese
Sprache lernt oder anderen beibringt, wird dafür belohnt.

❀ Es ist nicht erwünscht, sich den Tod auf Grund von Frustration oder
erschwerten Lebensumständen zu wünschen. Etwas anderes ist es,
wenn sich die Lebensumstände ins Negative verwandeln, aus Angst
vor Dekadenz oder Verfehlungen: In diesem Fall darf man sich den
Tod wünschen.

❀ Diskutieren, um der Wahrheit Vorschub zu leisten, wird wie Andacht
belohnt. Es ist aber verboten, wenn es darum geht, einen anderen
Muslim argumentativ bezwingen zu wollen, mit seinem Wissen zu
prahlen oder um damit Ruhm oder Akzeptanz zu erlangen.

❀ Auf der Kanzel stehend zu predigen ist eine Sunna von Propheten und
Gesandten. Es bedeutet aber Irreleitung, wenn damit bezweckt wird,
Geld, Ruhm und Akzeptanz zu erlangen.

❀ Für den Mann ist es nicht erwünscht, Hände und Füße mit Henna
zu bemalen, wie es Frauen sonst tun. Ebenso nicht erwünscht ist es,

---

1 An-Nawawi, *Riyad us-Salihin*, Bd. 2, Hadith 1832, S. 635.

Haare und Bart schwarz zu färben, es sei denn, er möchte damit seiner Frau einen Gefallen tun oder er verwendet rotes Henna.

## Benimmregeln dem Herrscher gegenüber

❊ Der Gesandte Gottes ﷺ sagte: „Sucht euch einen in seinem Land Angesehenen auf, seid gütig zu ihm."[2]

❊ Die Gelehrten sagten: Es ziemt sich nicht, sich in Anwesenheit des Herrschers als Vorbeter (Imam) auszugeben. Man soll sich nur dann an sein Gedeck setzen, wenn man eingeladen wird.

❊ Ziad sagte: „Für die Teilnehmer an einer Audienz des Herrschers ist es nicht erforderlich, den Gruß eines Kommenden zu beantworten."

## Die Vorzüge des Schweigens

Luqman, (Nathan) der Weise, wollte von Dawud ﷺ (David) etwas lernen und pflegte sich zu ihm zu setzen und ihn beim Schmieden eines Wehrschilds zu beobachten. Luqman hatte noch nie einen eisernen Schild gesehen, fragte aber Dawud niemals danach. Dawud verriet nichts, bis der Schild nach einem Jahr fertig war und er ihn testen konnte. Dann sagte Dawud: „Ein harter Schutz für die Zeit der Kämpfe." Luqman sagte: „Schweigen ist Weisheit, aber wenige halten sich daran."[3]

ABU 'UBAID: „Suche dein Glück durch Schweigsamkeit, mehr denn durch Reden. Unheil kommt vom Reden."

ABU AL-DARDA'A: „Seid gerecht zu eurem Gehör, euch wurden zwei Ohren geschenkt aber nur einen Mund, damit ihr mehr hört als sprecht."

IBN 'AUF BERICHTETE VON HASSAN: „Eine Gruppe befand sich beim Khalifen Mu'awiya. Alle sprachen außer al-Ahnaf, da fragte ihn der Khalif Mu'awiya: ‚Warum sagst du nichts?' Er antwortete: ‚Ich

---

2  Ibn Madscha': Der Hadith gilt aber als schwach (daif).
3  Diese und nachfolgende aus: Ibn 'Abd Rabbih, al-'Iqd, Bd. 2, S. 471 und 472.

fürchte dich, wenn ich rede, und fürchte Gott, wenn ich etwas Falsches sage."

SHABIB IBN SHIBAʿ MEINTE: „Wer ein ihm verhasstes Wort überhört, der hält die negativen Folgen von sich fern."

AKTHAM IBN SAIFI: „Das Verhängnis der Männer liegt zwischen deren Ober- und Unterkiefer."

OMAR IBN ʿABD AL-ʿAZIZ WURDE GEFRAGT: „Zu welcher Gelegenheit soll ich sprechen?" Er antwortete: „Sprich dann, wenn du das Bedürfnis hast zu schweigen!" Ich fragte weiter: „Wann soll ich dann schweigen?" – „Wenn du das Bedürfnis hast zu sprechen!"

## Bestechung

Bestechungsgeld oder -objekte gehen nicht in den Besitz über und können zurückverlangt werden.

Wird eine Bestechung überreicht, ohne dass sie vom Bestochenen angefordert wurde, darf der Bestechende sie nicht zurückverlangen; der Bestochene soll sie aber dennoch zurückgeben.

Geschenke, die bezwecken, dass sich ein Religionsgelehrter für ein Unrecht einsetzt, sind ebenfalls Bestechung. Setzt er sich aber bei einem Herrscher, einer Behörde oder einer Institution wegen einer Problemlösung für jemanden ein, darf er danach Geschenke annehmen.

Bezüglich des Annehmens von Geschenken durch Schüler gehen die Meinungen der Gelehrten auseinander.

Erfolgt die Bestechung, um Unheil von der eigenen Person abzuwenden, ist sie nicht untersagt.

## Verbotene Inbesitznahme (as-suht)[4]

As-suht ist verboten. Es beinhaltet alles, was man sich durch verbotene Praktiken aneignet. Dies ist etwa der Fall, wenn ein Schwiegersohn

---

4  Hadiya, S. 269.

durch Nötigung an den Besitz von Verwandten seiner Frau gelangt, auch wenn sie diesen scheinbar freiwillig abgeben. Verbotene Inbesitznahme geschieht auch, wenn für die Nutzung von Allgemeingut (Allmende) Entgelt verlangt wird, so z. B. für Wasser oder Weidegras usw.[5]

## Verlogenheit und Aufrichtigkeit

Aufrichtigkeit bedeutet, dass unser Tun und Bestreben nur Gott gilt. Als Verlogenheit gilt es, wenn bezweckt wird, damit zu prahlen. Dies ist beispielsweise der Fall, wenn der Koran für Entgelt gelesen wird oder wenn eine Pilgerfahrt vorgetäuscht wird, in Wirklichkeit aber geschäftliche Interessen im Vordergrund stehen.

## Nötigung[6]

❋ Verbotenes zu essen oder zu trinken (z. B. totes Tier, Blut, Schweinefleisch oder alkoholische Getränke) ist auch dann nicht gestattet, wenn die Nötigung durch Bedrohung erfolgt wie Gefängnisstrafen, Fesselung oder Schläge, die aller Wahrscheinlichkeit nach zu keinerlei gesundheitlichen Schäden führen.

❋ Werden aber exzessive Methoden angewandt, so z. B. Androhung von Mord, Amputation, Schläge, Dunkelhaft oder Vermögensbeschlagnahmung, ist es erlaubt, ja sogar Pflicht, Verbotenes zu essen oder zu trinken. Weigert man sich dennoch und wird getötet, macht man sich damit schuldig. Ähnliches gilt in Zeiten starker Hungersnot. Man würde sich schuldig machen, wenn man sich weigerte, von einem toten Fleisch zu essen und Hungers zu sterben.

❋ Wird jemand unter Androhung genötigt, Gott zu leugnen oder den Propheten zu beschimpfen, darf er dies vorspielen, wenn er innerlich bei seiner Überzeugung bleibt. Dies ist auch der Fall, wenn er genötigt

---

5  Hadiya, S. 269.
6  Hadiya, S. 277–278.

wird, die Gebete zu unterlassen, das Fasten zu unterbrechen oder andere Verbote zu begehen.

❀ Der Befehl, wenn er auch durch Nötigung erfolgt, einen anderen zu vergewaltigen, darf nicht befolgt werden, da dies bedeutet, einem Fremden Schaden zuzufügen.

❀ Wird eine Frau unter Bedrohungen zu sexuellen Aktivitäten gezwungen und kann dies nicht abwenden, so hat sie keine rechtlichen Konsequenzen wegen Unzucht zu befürchten.[7]

❀ Wird jemand zu homosexueller Betätigung gezwungen, darf er dies nicht befolgen, auch wenn es zur Folge hat, dass beide Seiten getötet werden.

*Entmündigung und Beschränkung der Geschäftsfähigkeit (al-hadschr)*[8]

❀ *„Hadschr"* bedeutet, jemanden von bestimmten Tätigkeiten auszuschließen.

❀ Auszuschließen sind u. a. verlogene und verantwortungslos erstellte Rechtsgutachten, die verwerfliche Tricksereien enthalten oder ohne hinreichendes Wissen Rechtsgutachten (*fatwa*) abgeben. Das gleiche gilt auch für jene, die ungültige Heiratsverträge ausstellen, unwissende Ärzte, die z. B. letal wirkende Medikamente verabreichen, Scharlatane und Betrüger und auch die Verkäufer von Lebensmitteln, die ein Kartell bilden und Wucherpreise fordern.

❀ Auf der anderen Seite ist es nicht gestattet, Handwerker oder Arbeiter von einer Tätigkeit auszuschließen, wenn sie darin erfahren sind.

---

7  Ebd.
8  Hadiya, S. 279.

## Vergebung[9]

Vergebung gilt als besser als Ausgleich. Und Ausgleich gilt als besser als Strafe. Dies ist auch der Fall, wenn es nur zu einer Verletzung kommt.

❀ Bei Tötungsdelikten gilt Reue erst dann, wenn der Täter seine Tat wirklich bereut hat, sich den Behörden zur Bestrafung stellt und diese absitzt. Für den Getöteten bleibt sein Recht auch im Jenseits aufrecht.

❀ Für jemanden als Bürgen einzutreten darf erst dann geschehen, wenn der Täter Reue zeigt, andernfalls ist es untersagt.

## Weitere Regeln[10]

❀ Essen oder schlafen in Moscheen ist nicht erwünscht, es sei denn, es handelt sich um einen Fremden (z. B. ein Reisender, der keine andere Möglichkeit zur Unterkunft findet) oder um jemanden, der sich zu Zwecken der Andacht in die Moschee zurückzieht (i'tikaf).

❀ Nicht erwünscht ist es, vor dem Moscheebesuch Knoblauch, Zwiebeln oder etwas Übelriechendes zu essen, da hierdurch Betende belästigt werden. Einige Gelehrte schlossen damit jene mit ein, die starken Mundgeruch haben, so auch welche, die faulend stinkende Wunden haben und Metzger, Fischhändler oder Kranke mit ansteckenden Erkrankungen.

❀ Die Moschee aufzusuchen, um dort sinnlose Unterhaltungen zu führen oder um Geschäfte abzuwickeln, ist nicht erwünscht. Eine Ausnahme ist es, wenn sich jemand dort zu Andachtszwecken zurückzieht (i'tikaf) und die notwendigen täglichen Rationen für sich und seine Familie besorgt.

❀ Nicht erwünscht ist es ferner, in der Moschee einen bestimmten Platz oder gar mehrere Plätze für sich zu reservieren, und sich dauernd

---

9  Hadiya, S. 281, das hier verwendete Wort „qaud" siehe Ibn Manzur, Lisan, Bd. 3, S. 184–185.

10  Hadiya, S. 288–293.

in Gedanken damit zu beschäftigen. Außerdem dürfen die in der Moschee Sitzenden nicht gestört werden, auch nicht, wenn es sich um einen Unterrichtenden handelt.

❋ Man sollte vermeiden, sich mit Leuten zusammenzusetzen, die unter Verdacht stehen, Unheil zu stiften. Gott, der Erhabene, sagte: ❬Und sucht nicht eine Stütze bei denen, die Unrecht tun, sonst berührt euch das Höllenfeuer.❭[11]

❋ Die Sunna empfiehlt ferner, sich nur mit jenen zu befreunden, die einen makellosen Leumund haben, festen Glauben besitzen, fromm und gottesfürchtig sind. In einer Hadith-Tradition heißt es: „Geselle Dich nur zu einem Gläubigen und lade zum Essen nur einen Gottesfürchtigen." In einer weiteren Hadith-Tradition heißt es: „Jeder benimmt sich wie sein engster Freund, also achtet darauf, mit wem ihr euch befreundet."[12]

❋ Empfohlen wird, die Begleitung von Menschen mit Erfahrung und gutem Einfluss zu suchen, und die Begleitung von Jünglingen, Heranwachsenden und schlecht Beleumundeten zu meiden, da dies Ansehen und Würde beeinträchtigt.

❋ Man soll die Gesellschaft von Personen suchen, die des Todes gedenken und einen ans Jenseits erinnern. Nicht erwünscht ist es dagegen, sich zu Leuten zu gesellen, die sich nur ums Diesseits kümmern, da dies nachteilig für die Moral ist und zu Missetaten verleitet.

*Sozialer Rückzug*[13]

❋ Gesellschaftliche Kontakte sind besser als sozialer Rückzug, da sie Freundschaft und Gemeinschaftssinn fördern.

❋ Mönchstum ist im Islam verboten, so auch die Ehe, den Kontakt zu Frauen und den Beischlaf zu meiden. Nach einer Hadith-Tradition

---

11 Sure 11:113, Übers. König-Fahd-Komplex.
12 Hadiya, S. 292. Beide Hadithe bei at-Tirmidhi und Abu Dawud.
13 Hadiya, S. 294.

heißt es: „Es gibt kein Mönchstum im Islam" und nach einer anderen Tradition: „Wer sich verehelicht, der ergänzt die Hälfte seines Glaubens, in der zweiten Hälfte soll er gottesfürchtig handeln."

❀ Dem Edelmütigen, ungeachtet seiner religiösen Zugehörigkeit, auch wenn er ungläubig ist, soll Edelmut, wie es ihm gebührt, entgegengebracht werden, den Bescheidenen wird Bescheidenheit und den Überheblichen Überheblichkeit gezeigt.

❀ So besteht auch die Pflicht, einem in Not geratenen Nicht-Muslim Hilfe zu bieten (*wadschib*), soweit er diese benötigt.[14]

---

14  Abu Zahra, Muhammad, *Zahrat at-Tafasir*, Kommentare zu Sure 2, „die Kuh", S. 1024–1025.

# 26 Tugendhafte Eigenschaften[1]

*Bescheidenheit und Demut den Gläubigen gegenüber*

KORAN: ❴... und senke deine Fittiche über die, die dir folgen unter den Gläubigen.❵[2]

HADITH: „Seid bescheiden, damit keiner dem anderen gegenüber hochmütig ist oder ihm Unrecht tut." (RuS 248/602)

*Verbot von Hochmut und Selbstgefälligkeit*

KORAN: ❴Und gehe nicht voll Hochmut auf der Erde umher ...❵[3]

HADITH: „Wer nur eine Spur von Überheblichkeit in seinem Herzen hat, wird nicht ins Paradies eintreten." Ein Mann sagte: „Und was ist mit dem Mann, der gerne schöne Kleidung und schöne Schuhe trägt?" Er ﷺ sagte: „Allah ist schön und liebt Schönheit. Hochmut verachtet das Recht und ist Geringschätzung des Menschen." (RuS 250/612)

„Allah, der Allmächtige und Erhabene, spricht: ‚Macht ist mein Gewand und Hochmut mein Mantel. Wer mit mir in einem dieser beiden wetteifert, erhält seine Strafe.'" (RuS 251/618)

„Ein Mann wird sich solange in Selbstherrlichkeit ergehen, bis sein Name (von Allah) unter denen der Tyrannen geführt wird, und er wird (die gleiche Bestrafung) erhalten, welche (auch) diesen zugedacht ist." (RuS 252/620)

---

1 Sämtliche Angaben in diesem Kapitel aus an-Nawawi, *Riyad us-Salihin*, deutsche Ausgabe.
2 Sure 26:215.
3 Sure 17:37.

*Gutes Benehmen*

KORAN: ❴... diejenigen, die bereitwillig spenden, sei es im Glück oder im
Unglück und die ihre Wut bezähmen und den Menschen vergeben.
Und Allah liebt die, die Gutes tun.❵[4]

HADITH: „Die Besten von euch sind die, die sich am besten benehmen."
(RuS 253/625)
„Unter den Gläubigen ist derjenige am vollkommensten im Glau-
ben, der sich am besten benimmt, und die besten unter euch sind
diejenigen, die ihre Frauen am besten behandeln." (RuS 253/628)
„Durch das gute Benehmen kann ein Gläubiger die Stufe eines
Fastenden und in der Nacht zum Gebet Aufstehenden erreichen."
(RuS 254/629)

*Sanftmut und Güte*

KORAN: ❴... und die ihre Wut bezähmen und den Menschen vergeben.
Und Allah liebt die, die Gutes tun.❵[5]
❴Übe Nachsicht und gebiete Gutes und wende dich ab von den
Törichten.❵[6]
❴Gut und Böse sind nicht gleich. Wehre (das Böse) mit dem
ab, was besser ist, und schon wird der, der dein Feind war, wie
ein guter Freund werden. Das wird aber nur denen gegeben,
die geduldig sind; niemandem wird es gegeben als dem Besitzer
innerer Größe.❵[7]

HADITH: Ein Araber vom Lande urinierte in der Moschee. Dies brachte
die Anwesenden dermaßen auf, dass einige aufstanden, um ihn zu
bestrafen. Da sprach der Prophet ﷺ: „Lasst ihn, und gießt einen
Eimer Wasser über den Urin; denn ihr seid beauftragt, die Dinge

---

4  Sure 3:134.
5  Sure 3:134.
6  Sure 7:199.
7  Sure 41:34–35.

zu erleichtern und nicht zu erschweren." (RuS 256/636)
„Macht die Dinge leicht und nicht schwer. Und erfreut die Leute
(mit froher Botschaft) und schreckt sie nicht ab." (RuS 256/637)


## Aufrichtigkeit

HADITH: „Aufrichtigkeit führt auf den Weg der Tugend, und die Tugend
führt zum Paradies. Ein Mensch, der nur die Wahrheit spricht,
wird von Allah ﷻ *siddiq* (dt.: „rechtschaffen") genannt. Und das
Lügen führt zum Übel, und Übel führt ins Höllenfeuer; und ein
Mensch, der immer wieder lügt, wird von Allah ﷻ Lügner genannt." (RuS 38/54)
„Lass das, was in dir Zweifel weckt, für das, was in dir keinen Zweifel weckt." (RuS 38/55)
„Eine Verkaufsvereinbarung kann widerrufen werden, solange
Käufer und Verkäufer sich noch nicht voneinander getrennt haben. Wenn beide die Wahrheit sagen und alles offen legen, wird
ihr Handel gesegnet sein; wenn sie jedoch verschweigen und lügen, wird der Segen ihres Handels nichtig." (RuS 39/59)


## Gottesfurcht (taqwa)

KORAN: ﴾Fürchtet Allah, so sehr ihr könnt.﴿[8]

HADITH: „O Allah, ich bitte dich um Rechtleitung, Frömmigkeit, Tugend und Wohlstand." (RuS 46/71)
„Wenn jemand sich verpflichtet, etwas zu tun, und dann etwas entdeckt, was Allah wohlgefälliger ist, dann sollte er das Bessere davon tun." (RuS 46/72).

---

8  Sure 64:16.

*Geduld (sabr)*

KORAN: ❮Wer aber geduldig ist und verzeiht - dies ist fürwahr ein Zeichen fester Entschlossenheit.❯[9]

HADITH: „Der Gläubige ist zu bewundern, da alles für ihn gut ist. Und niemanden außer einem Gläubigen zeichnet dies aus: Wenn ihm etwas Erfreuliches widerfährt und er dankt (Allah) dafür, so ist das gut für ihn. Wenn er von einer Prüfung heimgesucht wird und sich in Geduld übt, so ist das auch gut für ihn." (RuS 26/27)

„Nicht derjenige ist stark, der den Gegner zu Boden schlägt, sondern derjenige, der sich nicht gehen lässt, wenn er gereizt wird." (RuS 35/45)

*Einführung guter oder schlechter Sitten*

KORAN: ❮Und wir machten sie zu Führern, die die Menschen nach unserem Gebot auf den richtigen Weg brachten ...❯[10]

HADITH: „Für alle Tötungen (Morde), die ohne irgendeine Rechtfertigung in der Welt begangen wurden, wird der ältere Sohn des Propheten Adam (d. i. Kain), einen Anteil an Strafe bekommen, weil er der Erste war, der das Töten begann (indem er seinen Bruder Abel ermordete)." (RuS 91/172)

*Hinweisen auf Gutes*

HADITH: „Derjenige, der veranlasst, Gutes zu tun, bekommt die gleiche Belohnung wie der Wohltäter." (RuS 91/173)

„Keiner von euch ist gläubig, so lange er seinem Bruder nicht dasselbe wünscht, was er für sich selbst ersehnt." (RuS 94/183)

---

9  Sure 42:43.
10  Sure 21:73.

*Bedecken der Schwächen von anderen Muslimen*

HADITH: „Jedem, der die Mängel eines anderen in dieser Welt verdeckt, werden von Allah ﷻ am Tage des Gerichts seine Mängel verdeckt werden." (RuS 117/240)

*Erledigung der Angelegenheiten der Muslime*

KORAN: ﴾O die ihr glaubt! Verneigt euch und werft euch nieder und dient eurem Herrn und tut Gutes, auf dass ihr erfolgreich seid!﴿[11]

*Frieden stiften unter den Menschen*

KORAN: ﴾denn die Versöhnung ist vorzuziehen …﴿[12]
﴾So fürchtet Allah und verfahrt friedlich miteinander …﴿[13]
HADITH: „Der ist kein Lügner, der Frieden unter den Menschen schafft und Gutes erlangen will, wobei er etwas Gutes sagt, in dessen Unwahrheit Gutes steckt." (RuS 120/249)

*Vorzug der Schwachen unter den Muslimen*

HADITH: „Soll ich euch erzählen, wer die Bewohner des Paradieses sind? Es ist jeder, der als schwach gilt und geringschätzig betrachtet wird und der, wenn er einen Eid unter Berufung auf Allah leistet, ihn dann auch erfüllt. Jetzt werde ich euch erzählen, wer die Personen sind, die für die Hölle bestimmt sind: Es sind diejenigen, die unwissend, unverschämt, stolz und arrogant sind." (RuS 122/252)

---

11 Sure 22:77.
12 Sure 4:128.
13 Sure 8:1.

*Freundlichkeit zu Waisen, Frauen und anderen Schwachen*

HADITH: „Die übelste Mahlzeit ist das Festessen, zu dem Reiche eingeladen werden, und von dem die Armen ausgeschlossen sind." (RuS 128/266)

„O Allah! Du weißt, dass ich die Verletzung der Rechte der beiden Schwachen, der Waisen und der Frauen, für eine schwere Sünde erkläre und dass ich davor sehr warne." (RuS 129/270)

„Der vollendetste Muslim in Glaubensangelegenheiten ist derjenige, der ein vorzügliches Benehmen hat, und die besten unter euch sind jene, die ihre Ehefrauen am besten behandeln." (RuS 132/278)

„Ein gläubiger Ehemann soll niemals seine gläubige Frau hassen. Wenn er eine bestimmte Angewohnheit von ihr nicht mag, so mag er doch eine andere bei ihr finden, die ihm gefällt." (RuS 131/275)

*Die Rechte des Nachbarn*

HADITH: „(Der Engel) Gabriel empfahl mir so oft die gute Behandlung des Nachbarn, dass ich beinahe dachte, er würde ihn vielleicht zu meinem Erben einsetzen." (RuS 140/303)

„Bei Allah, er glaubt nicht! Bei Allah, er glaubt nicht! Bei Allah, er glaubt nicht!" Er wurde gefragt: „Wer, o Gesandter Allahs?" Er sagte: „Einer, dessen Nachbar nicht sicher ist vor seiner Bosheit." (RuS 140/305)

„Wer an Allah glaubt und an den jüngsten Tag, soll seinem Nachbarn nicht schaden; und wer an Allah glaubt und an den Jüngsten Tag, soll seinen Gast großzügig behandeln; und wer an Allah glaubt und an den Jüngsten Tag, soll Gutes sprechen oder schweigen!" (RuS 141/308)

Man sollte wissen, dass es nicht genügt, Schaden vom Nachbarn abzuwenden, sondern auch seine Launen (arab.: *'izza*) zu erdulden, und es heißt, dass man gütig zu ihm sein soll.

Es wird berichtet, dass Ibn al-Muqafa', als er erfuhr, dass einer seiner Nachbarn sein Haus wegen Verschuldung veräußern wollte, zu sich sagte: „Du hast deine Rechte als Nachbar nicht erfüllt" und borgte dem in Bedrängnis geratenen Geld.

Die Rechte des Nachbarn bedeuten auch, ihn zu grüßen, aber keine langen Gespräche mit ihm zu führen oder ihn lange nach seinem Befinden zu fragen, und dass man ihn bei Krankheit aufsucht, bei glücklichen Anlässen gratuliert und Freude mit ihm zeigt. Man soll ihm vergeben, ihm nicht nachspionieren, nicht bedrängen und den Weg zu seinem Haus nicht behindern, ihn nicht mit neugierigen Blicken verfolgen und seine Geheimnisse nicht verraten. Und man sollte es nicht verabsäumen, auf sein Haus zu achten, freundlich zu ihm und zu seinen Kindern zu sein, ihn zu beschenken, und nicht vor ihm zu prahlen ...[14]

*Gehorsam den Eltern gegenüber*

KORAN: ❨Und dient Allah und stellt Ihm nichts zur Seite, und erweist den Eltern Wohltaten und ebenso den Verwandten, den Waisen und Armen, den nahestehenden Nachbarn und den fernen Nachbarn, und dem Gefährten an (eurer) Seite und dem Reisenden ...❩[15]

❨Und dein Herr hat entschieden, dass ihr niemanden außer ihn anbeten und den Eltern Wohltaten erweisen sollt. Falls einer von ihnen oder beide bei dir ein hohes Alter erreichen, dann sage niemals ein mürrisches Wort zu ihnen und schelte sie nicht, sondern sprich in gütiger Weise mit ihnen. Und aus Barmherzigkeit senke die Schwingen der Demut auf sie hernieder und sprich: „Mein Herr! Erbarme Dich ihrer, so wie sie mich aufgezogen haben, als ich klein war."❩[16]

---

14  Al-Ghazali, *Ihya'*, Bd. 2, S. 213.
15  Sure 4:36.
16  Sure 17:23–24.

HADITH: Ein Mann fragte: „O Gesandter Allahs, wer hat am meisten
Anspruch auf gute Behandlung und gute Gefolgschaft?" Er ﷺ
antwortete: „Deine Mutter, dann deine Mutter, dann deine Mutter,
dann dein Vater und dann deine näheren Verwandten." (RuS
144/316)
Es erzählte Asma' bint Abu Bakr as-Siddiq ﵁: „Zu Lebzeiten des
Propheten ﷺ besuchte mich meine Mutter, die noch nicht gläubig
war. Ich ging zum Propheten ﷺ und fragte ihn: ‚Meine Mutter ist
zu mir gekommen, und sie erwartet etwas von mir. Darf ich mich
ihr verpflichten (und so die Verwandtschaftsbande achten)?' Er
ﷺ sagte: ‚Ja, pflege die Verwandtschaftsbande mit deiner Mutter.'"
(RuS 146/325)

*Verbot des Ungehorsams den Eltern gegenüber und des Abbruchs der
Beziehungen zu den Verwandten*

HADITH:  „Die großen Sünden sind: Allah etwas beizugesellen, ungehor-
sam gegenüber den Eltern zu sein, jemanden zu töten und einen
falschen Eid zu schwören." (RuS 150/337)
„Die beste Pietät ist, wenn man sich um die Freunde seines (ver-
storbenen) Vaters kümmert." (RuS 152/341)

*Genügsamkeit, Enthaltsamkeit und Sparsamkeit*

HADITH:  „Wahrer Reichtum, nicht Reichtum an Besitz, sondern wahrer
Reichtum ist im Herzen." (RuS 221/522)
„Wer andere anbettelt, um Reichtum anzuhäufen, der bittet in
Wirklichkeit um die Glut (der Hölle). Es liegt also an ihm, dieses
anzuhäufen oder zu verringern." (RuS 224/532)
„Betteln ist schädigend, als ob man sich das eigene Gesicht
zerkratzt; außer, wenn man einen Herrscher nach etwas fragt, das
einem zusteht, oder nach etwas, was man unbedingt benötigt."
(RuS 224 /533)

„Wer mir versichert, dass er niemals jemanden anbetteln wird, dem versichere ich das Paradies." (RuS 225/535)

„Es ist wohl für jeden von euch besser, ein Bündel mit Brennholz auf seinem Rücken zu tragen, als jemanden um etwas zu bitten, gleich ob der ihm etwas gibt oder nicht." (RuS 227/540)

„Die Nahrung für zwei Menschen reicht für drei, und die Nahrung von dreien reicht für vier (Menschen)." (RuS 234/565)

*Vorzug des dankbaren Reichen, der seinen Reichtum nur rechtmäßig erworben hat und für Wohltätigkeit ausgibt*

KORAN: ❨Niemals werdet ihr Frömmigkeit erlangen, ehe ihr nicht von dem spendet, was ihr liebt. Und was immer ihr spendet, Allah weiß wahrlich darüber Bescheid.❩[17]

HADITH: „Nur auf zweierlei darf man neidisch sein: 1. auf jemanden, der mit Allahs Hilfe den Koran auswendig gelernt hat, und ihn Tag und Nacht im Gebet rezitiert, und 2. auf jemanden, dem Allah Besitz gegeben hat, und der diesen Tag und Nacht spendet." (RuS 237/572)

*Des Todes gedenken und nachdenklich werden*

KORAN: ❨Jede Seele schmeckt das Sterben, und euch werden ja eure Belohnungen beglichen am Tag der Auferstehung, und wer vom Feuer weggebracht und in die Paradiesgarten hineingelassen wurde, so ist er schon glückselig, und das Leben dieser Welt ist nichts als Nutznießen der Verblendung.❩[18]

HADITH: „Denkt oft an den Zerstörer aller Vergnügungen!" (RuS 240/579; Anm.: der Prophet ﷺ meint damit den Tod.)

---

17  Sure 3:92.
18  Sure 3:185. Übers. Denffer 2000.

*Frömmigkeit und das Meiden zweifelhafter Dinge*

KORAN: ❨... da meint ihr, es sei etwas Leichtzunehmendes, doch bei
Allah war es etwas Schwerwiegendes.❩[19]

HADITH: „Frömmigkeit ist ein gutes Benehmen, und Sünde ist das, was
in deinem Bewusstsein zwickt, und was dir unangenehm wäre,
wenn die Leute davon wüssten." (RuS 243/590)

*Ertragen von Leid*

KORAN: ❨... die in Freude und Leid ausgeben und die ihre Wut bezähmen und den Menschen vergeben. Und Allah liebt die, die Gutes
tun.❩[20]

*Das Verbot, Herrschaft anzustreben und die freie Wahl, Herrschaft*
*abzulehnen, soweit diese nicht zwingend notwendig ist*

HADITH: „O ʿAbdurrahman ibn Samura! Bitte nie darum, Herrscher zu
sein! Denn wenn man dir ein Amt anträgt, ohne dass du darum
ersucht hast, so wird dir dabei geholfen werden; wenn es dir jedoch
gewährt wird, nachdem du darum gebeten hast, so wirst du dafür
die Verantwortung tragen. Wenn du einen Eid schwörst (etwas zu
tun) und du findest später etwas Besseres, so tue das Bessere und
leiste Ersatz für deinen Eid." (RuS 268/674)

*Das Verbot, demjenigen, der danach fragt oder trachtet, einen Posten als*
*Herrscher, Richter oder als anderen Verantwortlichen zu geben*

HADITH: Abu Musa al-Aschʿari ﷺ erzählte: „Einst ging ich mit zwei
Vettern väterlicherseits zum Propheten ﷺ. Da sagte einer der

---

19  Sure 24:15.
20  Sure 3:134.

beiden zu ihm 缫: „O Gesandter Allahs! Ernenne mich zum
Herrscher über einen Teil dessen, was Allah, der Allmächtige und
Erhabene, deiner Obhut anvertraut hat!" Und der andere sagte das
gleiche. Da sagte er 缫: „Bei Allah, gewiss betrauen wir niemals
jemanden mit einem Amt, der darum bittet." (RuS 270/680)

*Schamhaftigkeit*

HADITH: „... Schamhaftigkeit gehört zum Glauben." (RuS 271/681)
„Schamhaftigkeit kann nur Gutes einbringen." Er 缫 sagte:
„Schamhaftigkeit ist durch und durch gut." (RuS 271/682)
Nach Meinung der Gelehrten (*'ulama*') ist wahre Schamhaftigkeit
ein Benehmen, das den Menschen dazu bringt, das Böse zu lassen
und ihn daran hindert, das Recht anderer zu beschneiden. Nach
Abu l-Qasim al-Dschunaid 缫 ist Schamhaftigkeit die Fähigkeit,
Wohlstand und Mangel zu erkennen, woraus sich ein Zustand der
Schamhaftigkeit ergibt. (RuS 272/684)

*Das Bewahren von Geheimnissen*

HADITH: „Gewiss ist derjenige, der mit seiner Frau schläft und dann
ihr Geheimnis erzählt, am Tage des Gerichts vor Allah in der
schlechtesten Situation." (RuS 272/685)

*Das Halten von Versprechen*

KORAN: ❨Und haltet das Versprechen ein. Wahrlich, für die Einhaltung
des Versprechens wird Rechenschaft gefordert.❩[21]
HADITH: „Es gibt vier Eigenschaften, die, wenn sie in einer Person
zu finden sind, sie zu einem vollkommenen Heuchler machen.
Wenn sich eines dieser Merkmale bei einer Person findet, besitzt

---

21  Sure 17:34.

sie das Merkmal der Heuchelei, bis sie davon ablässt. Diese vier Eigenschaften sind:

* Wenn ihm etwas anvertraut wird, verrät er es,
* wenn er spricht, lügt er,
* wenn er etwas verspricht, hält er es nicht, und
* wenn er streitet, wird er ausfällig."

In einer anderen Version heißt es: „ ... sogar wenn er fastet, das Gebet verrichtet und sich selbst als Muslim betrachtet." (RuS 274/690)

### Jemandem mit guten Worten und freundlichem Gesicht begegnen

KORAN: ❨Und senke deinen Fittich in Barmherzigkeit auf die Gläubigen.❩[22]

❨Und wenn du schroff und hartherzig gegen sie gewesen wärst, so hätten sie sich von dir abgewandt.❩[23]

HADITH: „Schützt euch vor dem Feuer der Hölle, auch wenn es nur mit einer halben Dattel (als Almosen) ist; und wer nicht einmal das findet, sollte wenigstens ein gutes Wort sprechen." (RuS 276/693)

„(Sogar) ein gutes Wort ist *sadaqa* (dt.: freiwillige Spende, gute Tat)." (RuS 276/694)

### Würde und Ruhe

KORAN: ❨Und die Diener des Allbarmherzigen sind jene, die sanftmütig auf Erden einhergehen, und wenn die Unwissenden sie ansprechen, sagen sie: „Friede!"❩[24]

---

22 Sure 15:88.
23 Sure 3:159.
24 Sure 25:63.

Hadith: Von ʿAischa: „Niemals sah ich den Gesandten Allahs ﷺ übertrieben laut lachen, so dass man sein Gaumenzäpfchen sehen konnte. Er ﷺ pflegte einfach zu lächeln." (RuS 278/703)

*Ehrung des Gastes*

Hadith: „Wer an Allah glaubt und an den Jüngsten Tag, soll seinem Nachbarn nicht schaden; und wer an Allah glaubt und an den Jüngsten Tag, soll seinen Gast großzügig behandeln; und wer an Allah glaubt und an den Jüngsten Tag, soll Gutes sprechen oder schweigen." (RuS 141/308)
„Kein Muslim darf bei seinem Bruder so lange bleiben, bis er ihn in Sünde verwickelt." Er ﷺ wurde gefragt: „O Gesandter Allahs, wie kann er ihn denn in Sünde verwickeln?" Er ﷺ antwortete: „Wenn er so lange bei ihm bleibt, bis dieser nichts mehr findet, was er ihm anbieten könnte." (RuS 280/707)

*Das Verlangen, dass derjenige, der ein Getränk anbietet, als Letzter trinken soll*

Hadith: „Wer den Leuten zu trinken gibt, soll als Letzter trinken." (RuS 301/773)

*Von der Abscheu, ins Getränk zu blasen*

Hadith: Abu Saʿid al-Khudri ﷺ überliefert, dass der Prophet ﷺ verboten hat, ins Wasser zu blasen. Da fragte einer: „Auch wenn ich Schmutz im Gefäß sehe?" Der Prophet ﷺ antwortete: „Gieß es aus!" – Der Mann sagte: „Mein Durst ist mit einem Schluck nicht gelöscht." Der Prophet ﷺ erwiderte: „Dann nimm dazu das Gefäß von deinem Mund (um zwischendurch Atem zu holen)." (RuS 299/765)

Ibn ʿAbbas ﷺ überliefert, dass der Prophet ﷺ verboten hat, dass man ins Trinkgefäß atmet oder hustet. (RuS 299/766)

*Das Verlangen, aus Demut auf teuere Kleidung zu verzichten*

HADITH: „Wer aus Demut Allah gegenüber keine teure Kleidung trägt, obwohl er die Mittel dazu hätte, den wird Allah am Tage des Gerichts vor allen Menschen rufen, und er wird unter den schönsten Gewändern des Glaubens wählen dürfen." (RuS 310/802)

*Das Verlangen, dezente Kleidung zu tragen und dass man nicht grundlos oder aus religiöser Absicht schäbige Kleidung tragen soll*

HADITH: Der Gesandte Allahs ﷺ sagte: „Allah liebt es, die Wirkung Seiner Gaben an Seinem Diener zu sehen." (RuS 310/803)

*Das Verbot für Männer, Seide zu tragen und die Erlaubnis für Frauen, Seide zu tragen*

HADITH: „Das Tragen von Seide und Gold ist für Männer meiner Gemeinde (umma) verboten; doch ist es für Frauen erlaubt." (RuS 311/808)

*Die Erlaubnis, in Fällen von Juckreiz Seide zu tragen*

HADITH: Anas berichtete, dass der Gesandte Allahs ﷺ az-Zubair ﷺ und ʿAbdurrahman ibn ʿAuf ﷺ erlaubte, Seide zu tragen, weil sie unter Juckreiz litten." (RuS 312/810)

# 27 Verwerfliche Eigenschaften[1]

## Von der Abscheu, sich den Tod zu wünschen

HADITH: „Keiner von euch soll sich den Tod wünschen. Wenn er rechtschaffen und wohltätig ist, könnte er seinen Wohltaten noch mehr hinzufügen, und wenn er ein Sünder ist, könnte er sich von der Sünde abkehren." (RuS 241/581)

## Taten, welche den Menschen ins Höllenfeuer führen

HADITH: „Welche Taten führen am ehesten ins Paradies?" Er ﷺ antwortete: „Gottesfurcht und gutes Benehmen." Man fragte ihn weiter: „Und welche Taten führen den Menschen meistens in das Höllenfeuer?" Daraufhin antwortete er ﷺ: „Die mit dem Mund und den Geschlechtsteilen begangenen." (RuS 253/627)

„Diejenigen, die ich am stärksten liebe, und die am Tag des Gerichts mir auch am nächsten sind, sind diejenigen, die das beste Benehmen besitzen. Diejenigen dagegen, die ich am meisten verabscheue, und die am Tag des Gerichts von mir am weitesten entfernt sind, sind die Schwätzer und Großmäuler und die, die den Hals recken." Man fragte ihn ﷺ: „O Gesandter, wir wissen schon, was Schwätzer und Großmäuler sind, aber wer sind die, die den Hals recken?" Er antwortete: „Die Hochmütigen."

ʿAbdullah ibn al-Mubarak führt als Erklärung zu „bestem Benehmen" folgendes aus: „Dass man über sein Gesicht strahlt, Gutes tut und sich von Schlechtem fern hält." (RuS 254/631)

---

1 Ausführungen aus an-Nawawi, *Riyad us-Salihin*, deutsche Ausgabe.

*Schadet keinem ...*

Hadith:   „Schadet keinem, und vergeltet nicht Schaden mit Schaden."[2]

*Was einen nichts angeht*

Hadith:   „Es gehört zum guten Charakter eines Muslims, dass er sich nicht in Dinge einmischt, die ihn nichts angehen."[3]

*Der Zorn*

Hadith:   „Ein Mann sagte zum Propheten 鑿: ‚Gib mir einen guten Rat!‘ Der Prophet 鑿 sagte: ‚Werde nie zornig.‘ Der Mann wiederholte seine Bitte mehrmals und immer antwortete der Prophet 鑿: ‚Werde nie zornig.‘"[4]

*Von der Abscheu, Wasser direkt aus einem Wassersack oder Ähnlichem zu trinken*

Hadith:   „Der Gesandte Allahs 鑿 hat verboten, Wasser direkt aus einem Wassersack zu trinken." (RuS 298/762)[5]

*Vom Verbot, Gefäße aus Gold oder Silber zum Trinken, Essen oder zur Waschung und Ähnlichem zu benutzen*

Hadith:   „Der Prophet 鑿 verbot uns, Seiden- oder Brokatkleidung zu tragen und aus Gold- oder Silbergefäßen zu trinken. Und er 鑿 sagte zu uns: ‚In dieser Welt ist dies für die anderen, für euch ist es im Jenseits.‘" (RuS 302/777)

---

2  *Prophetische Maxime*, S. 36.
3  Ebd., S. 44.
4  Ebd., S. 60.
5  Diese Abscheu hat jedoch hygienische Gründe.

Umm Salama ⬥ berichtet, dass der Prophet ⬥ sagte: „Wer aus einem Silbergefäß trinkt, der füllt seinen Bauch mit Feuer der Hölle." (RuS 302/778)

*Von der Abscheu, sich hochmütig zu kleiden und zu benehmen*

HADITH: Ibn 'Umar ⬥: „Wer den Saum seines Gewandes hochmütig hinter sich herzieht, den wird Allah ⬥, der Erhabene, am Tag des Gerichts nicht ansehen." Daraufhin sprach Abu Bakr ⬥: „O Gesandter Allahs! Mein Gewand rutscht oft nach unten, ohne dass ich es will." Der Gesandte Allahs ⬥ sagte: „Du bist keiner von denen, die es aus Hochmut tun." (RuS 306/791)

Von Abu Dharr ist überliefert, dass der Prophet ⬥ sagte: „Drei werden von Allah am Tag des Gerichts nicht angesprochen, nicht angesehen und nicht gesegnet. Und sie werden schwere Strafe erhalten." Und er wiederholte dies dreimal. Abu Dharr ⬥ sprach: „Sie sind hoffnungslos verloren. Wer sind sie, o Gesandter Allahs?" Er ⬥ sagte: „Wer sein Gewand hochmütig herabhängen lässt, wer anderen vorwirft, was er ihnen an Gutem getan hat, und wer seine minderwertigen Waren unter falschen Eiden verkauft." (RuS 306/794)

In einem Hadith berichtet Ibn Abu ad-Darda ⬥: „Ich habe den Gesandten Allahs ⬥ sagen hören: ‚Bald seht ihr eure Brüder, sorgt also für gepflegtes Aussehen und ordentliche Kleidung, damit ihr ausgezeichnet ausseht. Denn Allah ⬥ mag gewiss weder Sittenlosigkeit noch Unsittlichkeit!'" (RuS 308/798)

Abu Musa al-Asch'ari ⬥: „Das Tragen von Seide und Gold ist den Männern meiner Gemeinde (*umma*) verboten, doch ist es den Frauen erlaubt." (RuS 311/808)

# 28 „Und zum Schluss eine Bitte"

Zum Schluss dürfen hier die einfühlsamen Bemerkungen des Islamwissenschaftlers Gernot Rotter am Ende seines exzellenten Reisebuchs über Syrien angeführt werden:

In dreißig Jahren meines Lebens habe ich Syrien immer wieder besucht und dort gelebt. Ich wünsche dem Land für die Zukunft viele Besucher, denn es hat unendlich viel zu bieten. Doch an eben diese Besucher ... möchte ich eine Bitte richten, damit es Besucher und ihre Gastgeber wie auch Sie selbst in bester Erinnerung behalten. Im Allgemeinen sind die Syrer ausgesprochen gastfreundlich und hilfsbereit. Schlendert man durch ein Dorf, hört man immer wieder die Aufforderung *tafaddalu*, „Bitte, tretet doch ein!" Und tatsächlich gibt es Touristen, die dieser Einladung prompt Folge leisten und den Familien den letzten Tee wegtrinken und das letzte Gebäck wegessen. Gewiss, in einem Dorf auf der Schwäbischen Alb oder in der Lüneburger Heide würde ein Tourist aus Syrien eine solche Einladung vergebens erwarten, doch muss der Europäer deshalb in Syrien jede Höflichkeitsfloskel gleich zu seinen Gunsten ausnutzen?

Keine Frau in Deutschland käme auf den Gedanken, im Bikini eine Kirche zu betreten. In Syrien habe ich erlebt, dass sich europäische Frauen in kurzen Röckchen darüber aufregen, dass man ihnen beim Betreten einer Moschee einen schwarzen Umhang verpasste. Bringt es denn wirklich einen besonderen Lustgewinn, die religiösen Gefühle anderer zu verletzen?

Noch in keinem Sommer habe ich in Deutschland so viele europäische Touristen, das heißt die Männer unter ihnen, in Shorts und mit merkwürdigen Kappen durch die Straßen der Städte gehen sehen wie in Syrien; dabei legt der wirtschaftlich besser gestellte syrische Mann größten

Wert auf einen gepflegten Anzug. Weiß der Europäer eigentlich, dass er sich in den Augen der Einheimischen der Lächerlichkeit preisgibt? Abgesehen davon, dass er durch diese krasse Missachtung der landesüblichen Gepflogenheiten die Einheimischen – unbewusst – zu geistig minderbemittelten „Eingeborenen" degradiert.

In Deir ez-Zor am Euphrat fragte ich einmal höflich einen alten Beduinen, der mit seiner – in unseren Augen „malerisch" gekleideten – Frau auf dem Suk Stoff einkaufte, ob ich die beiden zusammen fotografieren dürfte. Der Alte lehnte schroff ab und schickte noch ein unfeines Schimpfwort hinterher. Der junge Händler entschuldigte den Alten, worauf dieser erst richtig lospolterte und erzählte, dass er vor wenigen Tagen am Abend mit seinen Schafen zum Zelt zurückkam und dort eine Gruppe von Touristen vorfand, die fotografierend mit ihren Schuhen durch das Zelt stapften und auch den Frauentrakt nicht verschonten. Hilflos und verängstigt hätten seine Frau und Kinder zugesehen. Ich packte verschämt meine Kamera weg. Wie würden Sie, liebe Leserin und lieber Leser, reagieren, wenn Sie eines Tages von der Arbeit nach Hause kommen und in Ihrem Haus arabische Touristen vorfinden, die mit ihren Videokameras gerade einen Schwenk über Ihr Ehebett machen?

Diese vier Beispiele mögen genügen, um zu illustrieren, was ich sagen will. Die Angelsachsen haben die wunderbare Lösung „In Rome do as Romans do". „In Rom verhalte dich wie die Römer" – und dies möchte ich auch für Syrien empfehlen. Mit diesem Grundsatz werden Sie dort viele Freunde gewinnen.[1]

---

1  Rotter, *Syrien*, S. 344.

# Ausgewählte Literatur

*Hauptquellen*

Ahsan, Muhammad Manazir, *Islam, Glaube und Leben*, übers. von Ahmad von Denffer, Leicester: Islamic Foundation 1978.

Al-Bukhari, Muhammad al-, *Auszüge aus dem Sahih Al-Buharyy*, aus dem Arabischen übertragen und kommentiert von Abu-r-Rida', Muhammad ibn Ahmad ibn Rassoul, Köln: Arcelmedia [o. J.].

—, *Sahih al-Buhari: Nachrichten von Taten und Aussprüchen des Propheten Muhammad.* Ausgewählt, aus dem Arabischen übersetzt und herausgegeben von Dieter Ferchl, Stuttgart: Reclam 2002.

—, *Mukhtasar Sahih al-Buhari*, hg. von Imam Zainuddin Ahmad bin 'Abdullatif az-Zubaidi, Dar al-Itba', 'Ain Schams 2006.

Denffer, Ahmad von, *Islam-Knigge*, Schriftenreihe des Islamischen Zentrums München, Nr. 33, München: Islamisches Zentrum 2003.

—, *Über die gute Wesensart*, Schriftenreihe des Islamischen Zentrums München, Nr. 37, München: Islamisches Zentrum 2003.

Farrukh, 'Umar: „Kinderbetreuung aus islamischer Sicht", in: *Riayat at-Tufula fi 'l-Islam*, Abhandlungen im Rahmen einer Tagung der Islamischen Konferenz in Abu Dhabi, Febr. 1982, Abu Dhabi 1985 [arab. Titel], S. 67–83.

—, *Tarikh al-Fikr al-'Arabi*, Dar al-'Ilm li-l-Malayin, Beirut, 4. Aufl. 1983 [dt. Geschichte der arabischen Geisteswissenschaft].

Al-Ghazali, Abu Hamid, *Ihya' 'Ulum Ad-Din*, 5 Bde., Beirut, Dar al-Ma'rifa [o. J.] [dt. Die Wiederbelebung der Religionswissenschaften].

Ibn 'Abidin, Muhammad, *Al-Hadiya al-'Ala'iya*, Damaskus 1961 [dt. Das Geschenk von Aladin].

Ibn Baz und Ibn Uthaimin (Hrsg.), *Mawsu'at Ahkam asch-Scharï'a*, Beirut: al-Maktaba al-'Asriya 2005 [dt. Enzyklopädie der Regeln der Scharia].

Ibn Kathir, Abi al-Fida, *Tafsir al-Qur'an*, [o. O.]: Isa al-Babili al-Halabi [o. J.].

Ibn Rassoul, Muhammad Ibn Ahmad, *Von der Sunna*, Köln: Islamische Bibliothek 1994.

Ibn Taimiya, Taqi ad-Din: *Al-Khamr*, Kairo: Al-Kawthar und Dar al-Baschir [o. J.] [dt. Die alkoholischen Getränke].

Istambuli, Mahmud Mahdi: *Wege zu einer besseren islamischen Familie*, Beirut und Damaskus: Al-Maktab al-Islami 1986 [arab. Titel].

Al-Kurdi, Muhammad Amin: *Tanwir al-Qulub*, Halap-Aleppo: Dar al-Hayat 1993 [dt. Erleuchtung des Herzens].

Al-Maqdisi, Ahmad, *Mukhtasar Minhadsch al-Qasidin*, Damaskus: Maktab Islami 1961.

Mbayyid, Muhammad Sa'id, *Adab al-Muslim*, Idlib: al-Ghazali, 3. Aufl. 1988.

An-Nawawi, Yahya, *Riyad us-Salihin (Die Gärten der Tugendhaften)*, übers. von Halima Krausen, 2 Bde., München: Bavaria-Verlag 2002.

—, *Riyad as-Salihin*, München: SKD Bavaria 1999 [arab. Ausgabe; die im Text enthaltenen Hadith-Referenzen beziehen sich hauptsächlich auf die deutsche Ausgabe.].

Neirynck, Jacques und Ramadan, Tariq, *Können wir mit dem Islam leben? Der Islam in säkularen und christlichen Gesellschaften*, Köln: GNSG 2009.

*Prophetische Maxime: 40 ausgewählte Sprüche des Propheten Muhammad*, Aachen: Islamisches Zentrum 1976.

Al-Qaradawi, Yusuf, *Erlaubtes und Verbotenes im Islam*, übers. von Ahmad von Denffer, München: SKD-Bavaria 1989.

Qutub, Muhammad, *Dirasat Qur'aniya*, Dar asch-Schuruq, Kairo 1995 [dt. Koranische Studien].

Sayyid Sabiq, *Fiqh as-Sunna*, Beirut: Dar al-Kitab al-'Arabi [o. J.].

*Worte des Propheten*, Islamabad: Dawah Academy 1983.

Zaidan, Amir, *Al-'Aqida: Einführung in die Iman-Inhalte*, Offenbach: ADIB 1999.

Az-Zarka, Mustafa, *Fatawi*, Damaskus: Dar al-Qalam 2004.

Az-Zuhayli, Wahbah: *Akhlaq al-Muslim*, Damaskus: Dar al-Fikr 2002.


*Weitere Quellen*


Abu Zahra, Muhammad, *Zahrat at-Tafasir*, Beirut: Dar al-Fikr al-'Arabi 1987.

Asad, Muhammad: *Islam am Scheideweg*, Mössingen: Edition Buchara 2007.

Ibn 'Abd Rabbih, Ahmad, *Al-'Iqd al-Farid*, 7 Bde., Beirut: Dar al-Kitab al-'Arabi 1983 [dt. Die einzigartige Halskette].

Ibn al-Athir, 'Izzuddin Abi al-Hassan, *Al-Kamil fi Tarikh*, 9 Bde., Beirut: Dar al-Ma'rifa 2002.

Ibn Manzur, Muhammad, *Lisan al-'Arab al-Muhit*, Beirut: Dar Lisan al-'Arab [o. J.].

Al-Kurdi, Ahmad al-Hadschi, *Az-Zawadsch*, Damaskus: Dar Iqra' 2006.

Al-Mas'udi, Abu al-Hasan 'Ali, *Murudsch ad-Dahab*, 4 Bde., Beirut: Dar al-Ma'rifa [o. J.].

Mommsen, Katharina, *Goethe und die arabische Welt*, 3. Aufl., Frankfurt am Main: Insel 2001.

Mursi, Muhammad Sa'id, *Fan al-Ta'mul ma'a al-Akharin*, Tanta: Dar al-Bashir 2001 [dt. Die Kunst, mit anderen umzugehen].

Rotter, Gernot, *Syrien*, Nürnberg: Edition Erde, 1999.

As-Suyuti, Dschalal ad-Din, *Akhbar al-Aqaqa* [o. O.: o. J.] [dt.: Berichte über die, die ihre Eltern brüskieren].

—, *Tanzih al-Anbiya' 'an Tasfih al-Aghbiya'*, Damaskus: Dar al-'Uruba [o. J.] [dt. Das Freihalten der Propheten von Verleumdungen der Dummen].

Schimmel, Annemarie, *Meine Seele ist eine Frau*, 2. Aufl., München: Kösel 1996.


*Koranübersetzungen*


Denffer, Ahmad von, *Der Koran*, 7. verb. Aufl., München: Islamisches Zentrum 2000.

Henning, Max, *Der Koran*, Stuttgart: Reclam 1976.

König Fahd-Komplex zum Druck vom Qur'an, Madina al-Munawwara [o. J.].

Paret, Rudi, *Der Koran*, 10. Aufl. Stuttgart: Kohlhammer 2007.

Zaidan, Amir M. A., *At-Tafsir*, Ulm: Adib 2000 [neueste Ausgabe mit Transkription und Übersetzung: Islamologisches Institut 2009].


*Deutsche Literaturhinweise zum Thema Benehmen*


Bonneau, Elisabeth, *300 Fragen zum·guten Benehmen*, München: Gräfe und Unzer 2005.

Heine, Peter, *Kulturknigge für Nichtmuslime*, 3. akt. und neubearb. Aufl., Freiburg im Breisgau: Herder 2009.

Knigge, Adolph Freiherr von, *Über den Umgang mit Menschen*, Frankfurt am Main und Leipzig: Insel 2001.

Schäfer-Elmayer, Thomas, *Gutes Benehmen gefragt*, 5. rev. Aufl., Wien: Zsolnay 1999.